당신은 이렇게 생각할지도 모른다.

"남들 앞에만 서면 눈앞이 캄캄해지고 말문이 막히는 건,
나에게 무슨 특별한 문제가 있기 때문일까?"

"가슴이 쿵쾅거리고 몸이 떨리는 무슨 병이 있는 건 아닐까?"

안심해도 좋다. 결코 그렇지 않다.

노벨문학상을 수상한 영국의 작가 조지 버나드 쇼는 청중들 앞에서
어떻게 그렇게 설득력 있게 연설할 수 있느냐는 질문을 받고
이렇게 대답했다.

"스케이트를 배우는 것과 똑같습니다. 넘어져 창피를 당하더라도
포기하지 않고 끈질기게 연습하는 것입니다."

그렇다.
누구라도 연습만 하면 스케이트는 얼마든지 배울 수 있다.
말하는 것도 이와 같다.

일찍이 에이브러햄 링컨이 남긴 연설에 대한 멋진 충고도 상기하자.

"나는 더 이상 틀에 박힌 설교 따윈 듣고 싶지 않다.
그것보다는 오히려 독침을 곤추세운 벌떼와 격투를 벌이는 곰처럼
격분한 사람의 연설을 듣고 싶다."

필요한 순간에 배짱 있게 나서서 사람들과 생각을 공유하는 것이
얼마나 큰 즐거움인지 상상해보라.

Public Speaking

뜬구름 잡는 말을 버리고,
구체적이고 생생하게!

왁자지껄한 저잣거리의 말처럼
시원시원하고 활달하게!

데일 카네기

성공대화론

데일 카네기 성공대화론

초판 1쇄 인쇄 · 2020년 9월 5일
초판 1쇄 발행 · 2020년 9월 10일

지은이 · 데일 카네기
옮긴이 · 최종옥
펴낸이 · 이춘원
펴낸곳 · 책이있는마을
기 획 · 강영길
편 집 · 이경미
디자인 · 강혜린
마케팅 · 강영길

주 소 · 경기도 고양시 일산동구 무궁화로120번길 40-14(정발산동)
전 화 · (031) 911-8017
팩 스 · (031) 911-8018
이메일 · bookvillagekr@hanmail.net
등록일 · 2005년 4월 20일
등록번호 · 제2014-000024호

ISBN 978-89-5639-334-6 (03320)

*본문 중 마포구에서 제공한 마포 브랜드 서체가 적용되어 있습니다.

이 도서의 국립중앙도서관 출판예정도서목록(CIP)은 서지정보유통지원시스템 홈페이지(http://seoji.nl.go.kr)와 국가자료종합목록 구축시스템(http://kolis-net.nl.go.kr)에서 이용하실 수 있습니다. (CIP제어번호: CIP2020035224)

데일 카네기

성공대화론

Public Speaking and Influencing Men in Business

데
일
카
네
기 **지음** ― 최
종
옥 **옮김**

옮긴이의 말

데일 카네기는 세일즈맨으로 사회생활을 시작하여 갖가지 실패의 쓴 잔을 맛보다가, 뉴욕 YMCA에서 직장인을 대상으로 한 화술강좌를 열면서 빛을 보기 시작했다.

그는 '화술교실'을 찾아온 사람들이 직장의 회의석상에서 논리정연하게 발표할 수 있는 능력과 자기 의견을 명확히 전달할 수 있는 용기를 필요로 한다는 사실을 알았다. 그리고 대중화술은 특별한 재능이 있거나 적성에 맞지 않아도 누구나 쉽게 응용하고 실행할 수 있다고 생각했다.

그래서 강의교재로 사용하기 위해 만든 것이 바로 이 책《성공대화론 *Public Speaking and Influencing Men in Business*》이다. 이 책의 초판을 발행한 해가 1926년이니 그의 출세작《인간관계론*How to Win Friends and Influence People*》보다 10년이나 앞선다. 그의 '화술교실'은 크게 히트를 치고 수많은 유명인사들이 앞다퉈 그의 제자가 되었으며, 카네기는 전국 순회강연을 다니는 등 출세가도를 달리게 되었다.

똑같은 일을 해도 말을 잘하는 사람이 더 우대받고 성공하는 시대다. SNS 등을 통한 의사소통 능력의 비중도 점점 높아지고 있다. 특히 직장에서 늘 행하는 토론과 회의에서부터 여러 사람을 상대로 한 발표나 연설, 일상의 자잘한 대화에 이르기까지, 화술은 성공의 필수요건 중 하나가 되었다.

그러나 특별한 소수를 제외한 많은 사람들은 남들 앞에서 말하는 것이 떨리고 공포스럽다. 무엇보다도 그 자체가 스스로를 위축시키고, 뭔가를 효과적으로 전달해야 한다는 중압감이 가슴을 짓누르는 것이다. 이 책은 화술 기술을 통해 인간과 인간의 커뮤니케이션을 원활하게 하고 압박에서 해방시켜 용기와 자신감을 심어준다.

카네기 철학의 최고 장점은 직관, 단순, 명료함이다. 그의 문장은 눈앞에서 말하듯이 힘차고 웅변적이며, 대화체가 주를 이루어 설득력이 강하다. 또한 복잡한 문제를 풍부한 사례를 통해 쉽게 풀어주며 단순하면서도 진리가 되는 원칙들을 제시하여 누구나 쉽게 공감한다.

이 책은 데일 카네기의 오랜 경험에 기초하여 직장인, 학생, 주부 등 화술강좌에 참가한 다양한 수강생들의 사례를 제시하여 시종일관 생동감이 넘친다. 또 에이브러햄 링컨, 시어도어 루스벨트, 벤저민 프랭클린 등 성공한 리더들의 모범적인 성공담도 들려준다. 나아가 청중을 휘어잡는 법, 자신감과 용기를 얻는 법, 실제 연설에 도움이 되는 확실한 충고 등을 곁들이면서 화술에 자신감을 얻어 새로운 인간관계 형성과 성공을 향해 나아가는 방법까지 제시하고 있다.

데일 카네기의 화술과 처세술, 리더십에 관한 가르침은 지금도 쉼 없이 판본을 갈아치우며 전 세계인의 가슴에 불을 지르고 있다. 초판 발행 100여 년이 지난 이 책이 오늘날까지도 사랑받는 이유는 그의 깊은 통찰이 시간이 지날수록 빛을 발하기 때문일 것이다.

그의 말 한마디 한마디는 이미 수많은 지도자나 사업가들에게 영향을 끼쳤고, 평범한 일반인들에게 변함없는 처세의 교훈과 통찰력을 심어주었다. 이제는 우리가 그 통찰을 잇고 진지한 충고를 나침반 삼아 인생의 용기를 되찾고 성공을 향해 나아가보자.

내가 뉴욕 시 125번가에 위치한 YMCA에서 처음 성인을 대상으로 한 '화술교실'을 연 것은 1912년의 일이다.

당시는 화술을 일종의 예술로 여겨, 연단에서 유창하게 말하고 표현력 좋은 웅변가나 연설자를 길러내는 것 정도로 생각했다.

하지만 내 강좌에 참가한 사람들이 원하는 것은 전혀 딴판이었다. 그들은 사회생활과 일상에서 좀 더 자신 있게 말하고 싶은 직장인과 전문직 종사자들이었다. 그들은 시간과 돈을 들여가면서까지 웅변 테크닉이나 기교, 제스처를 배우고 싶어 하지는 않았다.

나의 '화술교실'은 크게 인기를 끌면서 대중에게 큰 반향을 일으켰다. 화술을 배우는 데 특별한 재능이 필요하지 않으며, 누구나 쉽게 응용하고 실행할 수 있다고 생각하고 방향을 달리한 것이 큰 효과를 발휘한 것이다. 그리하여 얼마 후 나의 화술강좌는 미국 전역을 넘어 세계를 석권했고, 그 효과는 나의 강좌를 거쳐 간 수많은 수강생들에 의해 입증되었다.

훌륭한 화술은 단순히 청중에게 의견을 발표하는 것이 아니라, 자기 생각을 정확하게 표현하고 사람들이 공감할 수 있도록 효과적으로 전달하는 것이라고 생각한다.

우리가 일상에서 하는 모든 행위가 의사소통의 방법이라고 볼 수 있지만, 인간만이 말하기를 통해서 자기가 남들과는 다른 독특한 존재임을 주장할 수 있다. 동물 가운데 오직 인간만이 언어로 의사소통을 할 수 있고, 말이야말로 개인의 특성과 본질을 드러낼 수 있는 가장 훌륭한 표현 수단이다. 그럼에도 대중 앞에서 명확히 자신의 뜻을 밝히지 못하고 우물쭈물, 중언부언하게 되면 남들을 이해시키고 설득하기란 불가능하다.

자기 업무나 조직사회에서의 성취는 주위 사람들에게 자기가 누구이고, 원하는 것은 무엇이며, 어떤 생각을 가지고 있는가를 분명하게 전달할 수 있는 능력에 따라 결정된다. 남녀노소 가릴 것 없이 각자의 인생은 다르고, 각자의 화술 능력에 따라 그 인격의 향상도 달라진다. 특히 오늘날의 처세와 성공 여부는 말하는 태도나 화술 능력에 크게 좌우된다고 해도 과언이 아니다.

내가 처음 화술교실 교재로 만든 이 책은 이미 100판 가까이 중쇄되었고, 세계 각국으로도 번역 출간되었다. 그동안 나의 지식 습득과 축적된 노하우에 따라 여러 번 개정을 거듭했음을 밝혀둔다.

Part 1 효과적인 화술의 기본 원칙

Part 4 의사전달의 기술

Part 5 연설의 여러 단계에 도전한다

Dale Carnegie

Part 1
—

효과적인 화술의
기본 원칙

제1장
기본 기술 익히기

무엇이든 새로운 기술을 익히려면 기본 원칙과 여러 가지 기술이 필요하듯 화술도 그러하다. 누구나 빠르고 쉽게 화술을 배우고 싶어 한다. 그리고 이 목표에 가장 빨리 도달하는 가장 좋은 방법은 목표를 이루겠다는 굳은 결심과 튼튼한 기초를 닦는 것이다. 나는 이번 장에서 화술, 특히 대중연설의 원칙과 그것을 실행하는 기본자세를 설명하려고 한다.

내가 뉴욕의 YMCA에서 처음 '화술교실'을 연 것은 저 유명한 타이태닉호가 북대서양의 차가운 바다 속에 침몰한 1912년의 일이다. 나는 강의를 열 때마다 예비모임에 참석하는 수강생들에게 똑같은 질문을 던진다. 그들이 왜 '화술교실'에 참가했으며, 프로그램을 통해 얻고 싶은 것이 무엇인가 하고 말이다. 놀랍게도 그때마다 거의 비슷한 답변이 돌아왔다.

"사람들 앞에 나서서 말할 때 겁이 나고 몸이 바싹 얼어붙어요. 머릿속이 하얘지고 도무지 정신을 차릴 수가 없습니다. 남들 앞에서 자신 있게, 이성적으로 생각하고 말할 수 있는 능력을 키우고 싶어요. 그래서 직장이나 모임에 나가서도 당당하고 확신에 찬 목소리로 말하고 싶습니다."

혹시 당신도 이와 비슷한 경험을 하지 않았는가? 당신도 남들 앞에서 자신 있고 설득력 있게 말하고 싶지 않은가? 당연히 그럴 것이라 생각한다. 당신이 이 책을 선택했다는 것 자체가 그런 능력을 키우고 싶다는 증거니까.

그 전에 당신은 먼저 한 가지를 확인하고 싶을 것이다.

"카네기 선생의 강연을 들으면 제가 정말 사람들 앞에서 논리정연하고 유창하게 말할 수 있게 됩니까?"

나는 오랜 세월 동안 수많은 사람들이 이런 두려움을 떨치고 용기와 자신감을 갖도록 노력해왔다. 그동안 내가 경험한 기적 같은 일들을 다 이야기하려면 책 몇 권으로도 부족할 것이다. 감히 내 명예를 걸고 확신한다. 이 책에서 이야기하고 충고하는 대로 열심히 연습하고 실천한다면 당신도 틀림없이 목적한 바를 이룰 것이라고!

혹시 당신은 이렇게 생각할지도 모른다. '나한테 남들 앞에만 서면 눈앞이 캄캄해지고 말문이 막히는 무슨 특별한 이유가 있는 건 아닐까?' '가슴이 쿵쾅거리고 몸이 떨리는 무슨 병이 있는 건 아닐까?' 안심해도 된다. 절대 그렇지 않다. 이런 증상은 다 고칠 수 있는 것이고, 훈련하는 과정에서 저절로 치료되어 당당하게 자기 목소리를 낼 수 있게 된다.

이 책은 화술의 테크닉을 나열한 책도 아니고, 발성교정용 교본도 아니다. 필자는 오랜 시간 동안 대중을 상대로 화술 훈련을 수없이 반복해서 가르쳐왔다. 그리고 이 책은 그 과정을 통해 추출한 하나의 결정체다.

화술과 대중연설을 배우려면 무엇보다도 먼저 자기 자신을 있는 그대로 받아들이는 것이 중요하다. 바로 이 전제가 당신을 바꿔놓을 수 있다. 그리고 이 책에서 제시하는 대로 열심히 훈련하면서, 기회가 닿을 때마다 실제로 적용해나가면서 자기 능력을 향상시키는 것이다. 그러려면 무엇보다 중도에 포기하지 않겠다는 굳은 결의가 필요하다.

이 책을 통해 학습 내용을 빠르게 체득하기 위해서는 다음의 네 가지 사항을 명심해야 한다.

다른 사람의 경험을 통해 자신감을 얻어라

동서고금을 통틀어 날 때부터 달변가였던 사람은 아무도 없다. 연설이 일정한 법칙에 따른 웅변술이나 발성법을 겸비한 사람들의 특별한 재주라고 여겼던 시기에도 대중연설가가 된다는 것은 지금보다 훨씬 힘든 일이었다. 오늘날의 대중연설은 일반 대화를 확대한 개념으로 보는 것이 적절할 것이다.

목소리를 우렁차게 하고 과장해서 표현하는 변사 방식은 이미 과거의 유물이 되어버렸다. 교회의 예배시간이든 텔레비전 프로그램이든 대중이 원하는 것은 세상 사람들의 보통 관심사에 대해 풍부한 상식을 동원하여 차근차근 이야기해주는 것이다.

지금까지 내가 해온 강의 내용은 결코 특별한 것은 아니다. 나는 강의시간 대부분을 청중 앞에서 말하는 것이 절대 힘든 일이 아니라고 강조해왔다. 그러나 처음부터 그렇게 가르칠 수는 없었다. 강의를 처음 시작할 무렵의 내 강의법은 대학에서 배운 대로 가르치는 것에 불과했다.

그러나 곧 내 강의법에 문제가 있다는 사실을 깨달았다. 나는 크고 작은 회사를 운영하는 사업가들을 마치 대학 신입생처럼 취급하면서 웹스터라든가 버크, 피트, 오코넬 같은 유명한 웅변가의 연설을 무조건 흉내 내게 했던 것이다.

내 '화술교실'을 찾아온 수강생들이 원하는 강의는 그런 것이 아니었다. 그들은 수업을 통해 직장에서 일상 업무를 볼 때, 수시로 열리는 회의석상에서 누가 들어도 명확하고 논리정연하게 보고할 수 있는 능력과 용기를 갖게 되길 원했다.

나는 곧 교재를 창밖으로 집어던졌다. 그러고는 청중을 납득시키는 데 꼭 필요한 서너 가지 단순한 대화 원칙만을 가르쳤다. 그리고 그들이 망설이거나 조급해하지 않고 준비한 내용을 끝까지 보고할 수 있을 때까지 연습을 거듭했다. 그러자 확실히 효과가 있었고, 우리는 더욱 반복해서 노력한 끝에 마침내 성공했다. 단 한 명의 수강생도 중도에 탈락하지 않았고,

점점 더 많은 사람들이 내 강의실 문을 노크했다.

나는 기회가 된다면, 우리 집과 세계 각국에 있는 지사 강의실에 쌓인 감사장들을 보여주고 싶다. 그중에는 《뉴욕 타임스》나 《월 스트리트 저널》에 자주 언급되는 기업가를 비롯해 주지사, 국회의원, 대학 학장, 예능계의 유명인사가 보낸 것도 있다. 그뿐 아니라 가정주부, 목사, 교수, 아직 자신의 지역사회에 이름이 알려지 못한 수많은 젊은이들, 기업의 중역·관리자·숙련공·노동자·조합원, 대학생 등 이루 다 헤아리기도 힘들다. 하나같이 대중 앞에서 스스럼없이 자신을 표현하고 싶어 했던 사람들이다. 그 사람들 모두 자신의 운명을 바꾸고 나서 잊지 않고 감사의 편지를 보내온 것이다.

지금도 기억나는 수강생들 가운데 한 명이 D. W. 겐트 씨다. 필라델피아에서 성공한 사업가인 그는 강의를 시작하고 며칠 뒤에 점심식사 자리에 나를 초대해서 이렇게 말했다.

"그동안 여러 모임에서 말할 기회가 많았지만, 그때마다 이런저런 핑계를 대고 피해왔습니다. 하지만 이번에는 대학이사회 의장으로 선출되는 바람에 회의를 주재하게 됐지 뭡니까? 그래서 말씀인데, 나처럼 나이 먹은 사람도 남들 앞에서 말하는 법을 배울 수 있습니까?"

나는 이미 수료한 수강생들 가운데 그와 비슷한 입장이었던 사람들을 가르친 경험이 있기 때문에 충분히 가능한 일이라고 말해주었다.

그로부터 3년이 지나 나와 겐트 씨는 또다시 점심식사를 할 기회가 있었는데, 처음 이야기를 나눴던 그 식당 그 자리에서였다. 나는 예전에 그가 한 말을 떠올리며 결과가 어땠는지 물어보았다.

겐트 씨가 미소 띤 얼굴로 주머니에서 작은 수첩을 꺼내 보였는데, 거기에는 수개월 치 연설 열정이 빽빽하게 적혀 있었다. 그가 밝은 목소리로 말했다.

"요즘 이렇게 바쁘게 삽니다. 제 연설을 통해 조금이나마 사회에 공헌할 수 있다는 것이 큰 즐거움이지요."

겐트 씨는 무척 자랑스러워하면서 더욱 놀랄 만한 이야기를 들려줬다. 그가 속한 교단이 필라델피아에서 교구회의를 열면서 주빈으로 영국 수상을 초청했는데, 사람들이 좀처럼 만나기 힘든 이 귀빈을 청중에게 소개할 주인공으로 겐트 씨를 지목했다는 것이다. 불과 3년 전만 해도 바로 그 자리에 앉아서 자신 없어 하던 그가 백팔십도 달라진 것이다!

또 하나 기억나는 것은, 굿리치(BFGoodrich Company)의 회장을 역임한 데이비드 M. 굿리치 씨가 내 사무실로 찾아온 일이다.

"난 평생토록 연설공포증에 시달려왔습니다. 그런데 이번에 이사회 의장으로서 회의를 이끌어야 합니다. 이사회 임원들이야 오랫동안 알아온 터라 둘러앉아 얘기할 땐 아무 문제가 없습니다만, 일단 일어나서 발표를 하려고 하면 왠지 몸부터 굳어버리는 겁니다. 정말 말 한마디 할 수 없습니다. 아무리 실력이 좋은 선생이라도 나의 이 고질병은 어쩌지 못할 겁니다. 워낙 오래된 일이니까요."

"그렇군요. 그런데 아무 도움도 안 될 거라면서 왜 절 찾아오셨습니까?"
굿리치 씨가 말했다.

"사실 난 개인적인 경리업무를 위해 회계사를 한 명 데리고 있습니다.
이 친구는 워낙 내성적이어서 부끄럼을 많이 타지요. 그 친구가 자기 사무
실에 가기 위해서는 내 방을 통과해야 하는데, 고개를 푹 숙이고 슬금슬금
고양이처럼 지나다녔지요. 그런데 이 친구가 요즘은 확 달라졌습니다. 바
짝 얼굴을 치켜들고 당당하게 드나들지 뭡니까? 게다가 우연히 나와 마주
치면 생기발랄한 목소리로 '안녕하십니까, 회장님!' 하고 인사를 하는 거예
요. 난 깜짝 놀랐습니다. 그래서 한번은 그 친구를 붙잡고 물어보았죠. '자
넬 그렇게 달라지게 한 게 대체 뭔가?' 그랬더니 이 친구가 선생의 강의를
듣고 있다고 하더군요. 그래서 이렇게 용기를 내서 당신을 찾아온 겁니다.
그 부끄럼 많던 젊은 친구가 하루아침에 싹 달라졌으니까요!"

나는 굿리치 씨에게 내 강의에 출석하여 수업 내용을 충실히 따를 것을
권했다. 그러면 당장 몇 주 안으로 변화가 생길 것이고, 남들 앞에서 연설
하는 데도 큰 도움이 될 거라고 말이다. 굿리치 씨는 즉시 강의에 참여했
고 기대했던 것보다 훨씬 더 좋은 성과를 거두었다.

그가 강의에 참석한 지 3개월째 되던 어느 날, 나는 그에게 아스터 호텔
에서 열리는 대규모 집회에 참석해서 그동안 배운 것과 훈련 성과에 대해
연설해달라고 부탁했다. 3000명에 가까운 청중이 운집하는 대형 집회장
은 그의 연설 능력을 시험해볼 수 있는 좋은 기회였다.

그는 처음에는 아쉽지만 선약이 있어서 참석할 수 없노라고 했다. 그러나 다음 날 아침에 전화를 걸어서 선약을 취소했다면서 이렇게 말했다.

"선생 말씀대로 집회 연단에 서겠습니다. 생각해보니 나에게는 그럴 만한 책임이 있습니다. 나는 사람들에게 내가 '화술교실'에 참가하고 나서 어떻게 달라졌는지를 말해주고 싶습니다. 내 경험담을 듣고 그 가운데 단 몇 사람만이라도 자신의 인생을 바꿀 생각을 갖게 된다면 얼마나 다행스런 일입니까? 나는 그 사람들에게 용기를 북돋워주고 싶습니다."

나는 그가 사업상 바쁜 것을 고려해 짧게 2분 정도만 연설해달라고 부탁했다. 그런데 그는 무려 11분 동안이나 마이크를 놓지 않고 막힘 없는 연설을 해주었다.

'화술교실'에서는 이와 비슷한 사건들이 수도 없이 많았다. 나의 화술 훈련 과정을 통해 완전히 탈바꿈한 사람들이 저마다의 사업이나 직업에 종사하면서 이전보다 사회적 지위가 향상된 사례가 얼마든지 있다. 그중 마리오 라조 씨에 관한 일화도 빼놓을 수 없다.

어느 날 나는 쿠바에서 날아온 이상한 전보 한 통을 받았다.

"귀하의 스케줄에 방해가 되지 않는다면 연설을 지도받기 위해 뉴욕으로 가겠음."

발신자의 이름은 마리오 라조였다.

'도대체 마리오 라조가 누구야?'

나는 그가 누구인지 전혀 짐작할 수 없었다. 나중에 알게 된 일이지만,

그는 쿠바에서 꽤 유명한 변호사였다. 아무튼 나를 만나러 뉴욕으로 날아온 라조는 이렇게 말했다.

"아바나 컨트리클럽에서 곧 창립자의 50회 생일 축하파티가 열릴 예정입니다. 그날 저는 주인공에게 은컵을 증정하고, 그날 밤 프로그램의 하이라이트인 축하 연설을 해달라는 부탁을 받았습니다. 저는 변호사이긴 하지만, 법정 변론 외에는 한 번도 남들 앞에서 연설을 해본 일이 없습니다. 사람들 앞에서 연설한다는 생각만 해도 벌써부터 가슴이 옥죄어오고 몸이 굳어집니다. 만약 실수라도 한다면 저는 물론이고 아내까지도 망신을 당하고 구설에 휘말려 더 이상 사교 모임에 나갈 수 없게 될 것입니다. 어디 그뿐이겠습니까? 제 변호사 활동에도 막대한 지장을 초래하겠지요. 제 처지가 이렇다 보니 어떻게든 도움을 받고 싶어서 이렇게 쿠바에서 날아온 것입니다."

마리오가 뉴욕에서 머물 수 있는 기간은 3주밖에 되지 않았다. 나는 그 3주 동안 최선을 다했다. 마리오 라조를 이 클래스에서 저 클래스로 옮겨가면서 수업하도록 했고, 하루 서너 번씩 실제 연설하는 것과 똑같이 훈련시켰다.

정확히 3주일 뒤 마리오 라조는 아바나 컨트리클럽에 모인 많은 사람 앞에서 훌륭하게 연설을 마칠 수 있었다. 그 연설이 얼마나 훌륭했던지 《타임》지가 '은처럼 우아한 대화의 기교를 갖춘 명연설'이라며 해외 뉴스란에 소개할 정도였다.

어떤가? 당신이 생각하기에도 정말 기적 같은 일이 아닌가? 이것은 확실히 두려움을 극복해낸 인간승리의 기적이라고 일컬을 만하다.

목표에 집중하라

자신감과 함께 화술의 기술을 확실하게 당신의 것으로 만들었다고 가정해보자. 당신 스스로 이 목표를 이루었을 때 얻게 될 이익들을 한번 상상해보라. 사교 모임에서 당신의 위상, 여기에서 맺어지는 새로운 교분들, 시민으로서 활발한 활동, 어떤 단체의 일원으로서 사회에 기여하는 능력의 향상, 사업과 직업상 발휘하는 영향력의 증대 등……. 한마디로 당신을 훨씬 더 높은 위치에 서게 하는 주춧돌이 돼줄 것임에 틀림없다.

NCR(National Cash Register Co.)의 회장이자 유네스코 회장이었던 S. C. 알린은 한 저널에 발표한 기고문에서 이렇게 말했다.

"사업가 중에는 단 한 번의 훌륭한 연설로 주목받게 된 인물이 적잖다. 몇 년 전 캔자스주 말단 지사의 책임자였던 한 젊은이가 독특한 연설로 이목을 끌었는데, 그가 오늘날 우리 회사의 부사장이 되어 영업을 총괄하고 있다."

대중 앞에서 말을 잘한다는 것이 얼마나 큰 성공을 안겨줄 것인지는 함부로 예단하기 힘들다. 강좌 수강생인 세보르 아메리카의 회장 헨리 블랙스톤은 이렇게 말했다.

"의사소통에 능통하고 다른 사람의 조력을 구하는 능력이야말로 장차 고위직에 오르려는 사람들이 갖춰야 할 필수조건 중 하나다."

필요한 순간에 배짱 있게 나서서 자신의 생각을 청중과 공유하는 것이 얼마나 큰 즐거움인지 상상해보라. 나는 벌써 여러 번 세계 각국을 여행해 보았지만, 힘 있는 말로 청중을 사로잡는 것보다 더 짜릿한 일도 없었다. 만약 당신이 그렇게 할 수 있다면 날마다 새로운 용기가 샘솟고 힘이 날 것이다. 수강생 중 한 명은 이렇게 말했다.

"연설을 시작하기 2분 전에는 차라리 구둣발로 한 대 차이는 게 낫겠다 싶다가도, 끝내기 2분 전에는 연설을 끝내느니 차라리 총을 맞는 게 낫겠다는 생각이 듭니다."

자, 이제 청중 앞에 나가서 연설하는 모습을 머릿속에 떠올려보라. 당신이 자신만만하게 걸어 나가면 여기저기서 수군대던 소리가 잦아지고 장내가 고요해진다. 당신은 자신의 생각을 조목조목 이야기하고 청중이 몰입하는 분위기가 느껴진다. 이제 당신은 최선을 다해 절정의 스피치를 유감없이 발휘한다. 당신의 멋진 연설에 감동한 사람들이 박수갈채를 보내고, 연단을 내려오는 당신에게 진심 어린 공감을 보내며 인사를 해온다. 장담컨대 이 일련의 과정에는 평생 잊을 수 없는 마술 같은 전율이 숨어 있다.

하버드 대학 교수이자 세계적인 심리학자인 윌리엄 제임스는 다음과 같은 명문장을 남겼다. 당신의 인생에 커다란 영향을 끼칠 만한 문장으로, 마치 알리바바의 보물 동굴을 열 수 있는 '열려라, 참깨' 같은 주문과 같은 문장이다.

　어떤 분야의 최고가 되게 하는 궁극적인 힘은 '목적을 향한 열정'이다. 어떤 결과를 얻고자 하는 마음이 간절하면 간절할수록 그 결과에 더욱 가깝게 다가설 수 있다. 당신이 착한 사람이 되고자 간절히 원한다면 그렇게 될 수 있다. 학자가 되고 싶다는 목표를 세우고 열심히 노력하면 학자가 될 것이다. 부자가 되고 싶다면 그렇게 될 것이다. 그러나 반드시 주의해야 할 점이 있다. 그것은 목표로 한 일 외에는 한눈팔지 않는 인내심을 갖는 것이다. 오직 진실한 마음으로 하나의 목표를 위해 끊임없이 노력을 기울여야 한다.

화술을 배우다 보면 단순히 대중 앞에서 말하는 법을 배우는 것 이상의 것을 얻을 수 있다. 설사 평생을 살면서 단 한 번도 공식석상에서 말할 일이 없더라도, 이 훈련을 통해 얻는 이익은 실로 다양하다. 대중연설은 무엇보다도 자신감을 회복시켜주는 훈련이다. 일단 사람들 앞에서 분명하게 말할 수 있다는 것을 깨닫게 되면 개인과 일대일로 대화할 때도 더 큰 자신감과 확신을 가지고 말할 수 있게 된다.

　'화술교실'을 찾아온 사람들 중에는 무엇보다도 여러 사람이 모인 자리에 서면 부끄럽고 몸이 위축돼서 찾아온 이들이 많았다. 이런 사람들이 클래스메이트 앞에서 똑바로 서서 말할 수 있다는 사실을 알게 되면, 지나친 자의식에 몸을 움츠렸던 자신이 얼마나 어처구니없었는지를 깨닫고 놀라게 된다. 그래서 '화술교실'을 나선 그들은 이전과는 전혀 다른 모습으로 가족과 친구들, 직장 동료와 상사, 거래처 직원과 고객 등 다른 사람들을 놀라게 하고 감동시키고 있다.

한편, 화술 훈련을 마치더라도 그 영향이 금방 겉으로 드러나지 않는 경우도 있다.

나는 얼마 전 애틀랜타 시의 외과의사로 미국의학협회 회장을 지낸 데이비드 올맨 박사에게, 화술 훈련이 인간의 정신과 육체에 미치는 영향에 대해 의견을 구했다. 박사는 마치 환자를 진찰하고 나서 소견서와 처방전을 적듯이 내게 글을 써주었다.

최선을 다해 자신의 생각과 마음을 다른 사람에게 드러내 보일 수 있는 능력을 기를 것. 자신의 느낌과 생각을 한 사람과의 관계 속에서 또는 집단과 대중 앞에서 분명하게 알릴 것. 이런 능력이 증가함에 따라 자기 안에 숨어 있는 진실한 자아가 적극적으로 활동하게 되고, 그러면 사람들은 그의 새로운 모습에 놀라면서 강한 충격을 받게 될 것이다.

이처럼 함축적인 의미를 담고 있는 내용을 실천에 옮기는 사람은 동시에 두 가지 이익을 얻을 수 있다.

첫째, 말하는 법을 배우면서 자신감을 회복하고 인간적으로도 훨씬 좋은 모습으로 성장할 것이다. 즉 당신은 정신적으로 성숙해지면서 육체적으로도 더욱 활기차게 될 것이다. 정신적인 여유가 육체적인 만족감까지 불러일으키는 이것은 더없이 멋진 감각적 체험이며, 어떠한 처방약으로도 얻지 못할 놀라운 효험이다. 따라서 당신은 상대방이 몇 명이든 상관없이 기회가 생길 때마다 말하려고 노력해야 한다. 그런 경험이 쌓이면 쌓일수록 당신의 연설은 더욱 세련돼지고 훌륭해진다.

둘째, 연설공포증을 극복한 당신의 모습을 상상해보라는 것이다. 그리고 많은 사람들 앞에서 능수능란하게 말할 수 있는 능력을 통해 얻게 될 이익에 집중하라.

그리고 항상 윌리엄 제임스의 말을 상기하라.

"어떤 결과를 얻고자 하는 마음이 간절하면 간절할수록 그 결과에 더욱 가깝게 다가설 수 있다."

반드시 성공한다고 확신하라

한번은 라디오 프로그램에 나갔다가, 수강생들을 가르치면서 얻게 된 교훈 가운데 가장 중요한 세 가지를 말해달라는 부탁을 받았다. 나는 이렇게 말했다.

"지금까지 내가 깨달은 것들 가운데 가장 큰 교훈은 결코 특별한 내용이 아닙니다. 즉 사람들이 무엇을 생각하든 그것은 매우 중요하다는 사실입니다. 만약 어떤 사람이 지금 생각하고 있는 것이 무엇인지를 나에게 말해준다면, 나는 그가 어떤 인물인지 금방 파악할 수 있습니다. 한 사람이 갖고 있는 특성은 그 사람의 생각에 의해 결정되기 때문입니다. 바꿔 말하면, 생각을 바꾸면 우리의 인생도 달라질 수 있습니다."

두둑한 자신감을 갖고 당신의 눈높이를 자신의 생각을 능수능란하게 전달하는 모습에 맞춰라. 그리고 지금부터 열심히 노력해서 성공하겠다는 긍정적인 생각만 하고 실패 따위는 떠올리지도 말아야 한다. 당신의 노력이 가져다줄 좋은 결과만을 믿고 직진해야 한다.

여기서, 목표를 향한 굳은 결심이 얼마나 중요한지를 보여주는 드라마틱한 실례를 들어보겠다. 줄곧 출세가도를 달려 마침내 큰 성공을 거두고 세인의 존경을 받게 된 클래런스 B. 랜들의 이야기다.

학창시절만 해도 그는 사람들 앞에서 말도 제대로 못하는 학생이었다. 발표를 하려고 일어났을 때 입도 떼지 못한 채 덜덜 떨기만 했고, 결국 자신에게 주어진 5분도 다 채우지 못하고 맥없이 연단을 내려와야만 했다. 하지만 그 굴욕적인 경험은 그를 좌절시키지 못했다. 그는 말 잘하는 사람이 되기로 결심한 순간부터 세계적인 경제 고문이 되기까지 한순간도 자신의 결심을 내려놓지 않았다. 랜들은 훗날 자신의 철학이 담긴 《자유의 믿음Freedom's Faith》이란 책에서 대중연설에 대해 이렇게 언급했다.

나는 생산자협회, 상공회의소, 로터리클럽, 기금모금운동, 학교 동창회 그리고 점심 모임이나 만찬에서 숱하게 연설했다. 지금까지 내가 행한 연설로 감사 메달을 받는다면 내 양복 가슴에서 어깨까지 온통 메달로 가득 찰 것이다.

나는 제1차 세계대전 때 미시간의 에스커나바에서 애국심에 호소하는 연설을 했고, 인기 배우 미키 루니와는 전국을 돌며 자선 강연을 했다. 또 하버드 대학의 제임스 B. 코넌트 총장과는 교육에 대해 강연했고, 시카고 대학에서는 로버트 M. 허친스 대법관과 교육에 관한 강연을 했다. 심지어 어느 만찬장에서는 서툰 프랑스어로 연설하기도 했다. 나는 청중이 어떤 이야기에 귀를 기울이는지, 어떻게 이야기해야 좋아하는지를 안다고 생각한다.

사업상 막중한 책임을 지는 지위에 오르려는 사람은 뭐든 배우려는 마음가짐이 필요하고, 연설도 마찬가지다. 의지만 있다면 못 배울 것이 없듯이 여러 사람 앞에서 연설하는 것도 열심히 노력하면 충분히 해낼 수 있다.

나는 전적으로 랜들의 의견에 동의한다. 성공하겠다는 확고한 의지는 화술을 터득하는 데 절대적으로 중요한 요소다.

만일 내가 당신의 마음을 들여다볼 수 있다면 당신이 화술에 대해 어느 정도의 욕구를 가지고 있는지, 어떤 긍정적인 생각과 부정적인 생각을 하고 있는지 탐지해보고 싶다. 그럴 수 있다면 나는 당신이 얼마나 빨리 화술 능력을 터득할 수 있는지를 거의 정확하게 예견할 수 있으리라.

또 하나의 예를 들어보자.

중서부 지방에서 있었던 강의 첫날, 앞쪽에 앉아 있던 한 수강생이 손을 번쩍 쳐들고 말했다.

"저는 건축업자입니다. 언젠가 전국건축가협회 대변인이 되는 것이 저의 소망입니다. 대변인이 되면 전국을 돌아다니면서 건축사업의 문제점을 토론하고 그동안의 성과를 발표하고 싶거든요."

조 하버스틱이란 남자는 단지 국한된 지역이 아니라 국가 전체의 건축 문제에 대해 토론하고 싶어 했고, 확실히 끈질긴 데가 있었다. 그리고 자신의 목표를 이루기 위해 무서울 정도로 열심히 훈련을 받았다. 마침 건축업계가 연중 가장 바쁜 시기였음에도 그는 한 번도 빠짐없이 토론에서 발표할 내용을 준비했고, 열심히 연습하여 동료들 앞에서 무사히 발표를 마치곤 했다. 그는 훈련의 전 과정을 훌륭하게 소화해냈고, 두 달 후에는 클래스의 반장으로 뽑히기도 했다.

1년 후에 그 클래스를 담당했던 강사가 내게 편지를 보내왔는데, 참으로 놀라운 내용이었다.

저는 그동안 조 하버스틱이라는 사람을 거의 잊고 있었습니다.

그런데 어느 날 조간신문을 보다가 사진과 함께 그의 기사가 실린 것을 발견했습니다. 전날 밤 그가 이 지역의 건축업자 모임에서 연설을 했다는 기사였습니다. 그런데 그의 직함이 무엇인지 아십니까? 놀랍게도 그는 건축가협회의 대변인 정도가 아니라 당당히 회장 자리에 올라 있었습니다.

조 하버스틱은 그만큼 자신의 목표를 성취하기 위해 피나는 노력을 게을리하지 않았던 것이다. 간절한 소망은 열망을 불러일으키고, 그 열망은 산을 깎아 평지로 일굴 만한 추진력과 인내력을 갖게 한다. 그리고 그 전제는 반드시 해내고야 말겠다는 확고한 자신감이다.

율리우스 카이사르가 군대를 이끌고 도버 해협을 건너 영국에 상륙했을 때, 출정을 승리로 이끌기 위해 어떻게 했는가? 카이사르는 병력을 도버 해안에 집결시키고 그들이 보는 앞에서 타고 온 군함을 모두 불태워버렸다. 최후의 순간 퇴각할 배가 사라져버렸으니 남은 것은 오직 앞으로 진격하여 승리하는 것뿐이었다. 카이사르의 군대는 목숨을 걸고 싸웠고, 마침내 승리를 쟁취할 수 있었다.

카이사르의 불굴의 정신이란 바로 이런 것이다. 당신도 카이사르의 정신을 본받는 것은 어떤가? 소극적이고 부정적인 생각은 몽땅 이글거리는 불꽃 속에 던져버리고, 갈팡질팡하던 과거로 도망칠 문은 무거운 철문으로 꽉 닫아걸어야 한다.

연습할 수 있는 모든 기회를 활용하라

나는 해마다 새로운 아이디어로 강의하려고 노력해왔다. 그래서 제1차 세계대전 전에 YMCA에서 강의했던 내용은 거의 다 바꾸었다. 그럼에도 변함없이 적용하는 한 가지 원칙이 있는데, 모든 수강생들은 한 사람도 빠짐없이 한두 차례씩은 동료들 앞에 서서 연설해야 한다는 점이다. 이것은 마치 처음 수영을 배울 때의 원리와 같다고 볼 수 있다.

물에 들어가지 않고서는 수영을 배울 수 없듯이, 실제로 남들 앞에서 말해보지 않으면 연설을 어떻게 해야 하는지 구체적으로 깨닫지 못한다. 당신이 이 책을 포함하여 화술에 관한 책들을 모두 독파했다 하더라도 유창하게 말할 수는 없을 것이다. 아무리 완벽한 내용이라도 직접 실행해보지 않으면 아무 의미가 없다. 배운 것을 연습하고 실행해봐야 실력이 향상된다.

영국의 극작가이자 비평가인 조지 버나드 쇼는 청중 앞에서 어떻게 그렇게 설득력 있게 연설할 수 있느냐는 질문을 받고 이렇게 대답했다.

"스케이트를 배우는 것과 똑같습니다. 넘어져 창피를 당하더라도 포기하지 않고 끈질기게 연습하는 것입니다."

쇼는 젊었을 때 병적일 정도로 소심한 사람이었다. 그래서 다른 사람의 집을 방문할 때에도 한 번 벨을 누르기 위해 20분 넘게 템스 강변을 서성거릴 정도였다.

"아마 나 같은 사람도 없을 겁니다. 별것도 아닌 일을 갖고 괜히 혼자 부끄러워하고 지레 겁을 먹었으니까요."

그는 자신의 그런 소심한 성격을 고치겠다고 마음먹었다. 그것도 가장 짧은 시간 안에 가장 효과적인 방법으로! 즉 자신의 최대 약점을 강한 장점으로 바꾸기로 결심한 것이다. 그는 곧바로 한 토론회에 가입했다. 그리고 런던에서 열리는 공개토론회에는 빠짐없이 참석했고 발언할 기회도 곧잘 만들어나갔다. 이 방법은 그의 내성적인 성격을 고치는 데 매우 효과적이었다.

그는 자신의 성격을 고쳐보기 위해 모험을 선택했고, 그 모험은 그의 몸과 마음을 완전히 뒤바꿔놓는 계기가 되었다. 그는 점차 사회주의운동에 눈을 뜨게 되었고 연설할 기회도 점점 늘어났다. 그는 자신의 신념을 펼치기 위해 위트 넘치는 농담으로 좌중을 뒤흔들었고, 결국에는 자신을 20세기에 가장 확신에 찬 탁월한 연사로 개조하는 데 성공했다.

이처럼 당신도 스스로 말할 기회를 만들어나가야 한다. 마음만 먹으면 나서서 연설할 기회는 얼마든지 널려 있다. 어떤 조직이든 모임에 참석하는 횟수를 늘리고 거기서 자기 의견을 발표하려고 노력해야 한다. 어렵게 생각할 필요는 전혀 없다. 모임에 참석해서 말을 많이 하는 직책을 도맡으면 된다. 공개석상에서도 적극적으로 나서서 자기주장을 펼치고 무슨 일이 있어도 뒷전으로 물러나지 않으면 된다.

주일학교에 나가 아이들을 가르칠 수도 있고 스카우트의 지도자가 되는 것도 좋은 방법이다. 주위를 둘러보면 당신의 참여를 원하는 단체나 모임은 무궁무진하다. 사회활동, 정치활동, 하다못해 동네 모임이라도 나가서 말할 기회를 찾아라. 적극적으로 말해보기 전에는 자신이 얼마나 성장하고 있는지 알 수가 없다.

"말씀하시는 뜻은 잘 알겠습니다만, 곧 한계에 부딪힐까 겁이 납니다."

이렇게 말하는 젊은 사업가에게 내가 소리쳤다.

"한계라니? 그런 생각은 하지도 말라고! 어떻게든 해보겠다는 생각이 중요해. 모험정신을 가지고 과감하게 부딪혀보란 말이지!"

나는 그에게 어떻게든 대중 앞에 서볼 것을 권하면서, 그 모험을 계기로 자신의 따뜻한 인품과 포부를 펼쳐 보임으로써 마침내 성공에 이르는 방법에 대해 간략하게나마 이해시켜주었다. 마침내 그가 수긍하며 말했다.

"한번 해보겠습니다! 모험이라고 생각하고 한번 밀어붙여보겠습니다."

이 책을 읽고 그 원리를 실제로 응용해나간다면 당신도 똑같이 모험의 세계로 나아가는 것이다. 그리고 이 모험을 통해서 당신의 이상과 목표가 당신을 지탱해준다는 사실을 알게 될 것이고, 내적·외적으로 당신을 변화시키는 진귀한 모험을 체험하게 될 것이다.

제2장
자신감을 키우는 방법

카네기 선생, 5년 전 나는 선생이 공개수업을 하던 호텔로 찾아갔습니다. 강연을 들어보고 수업에 등록하려고 말입니다. 그런데 정작 회의장 문 앞에서 멈춰서고 말았습니다. 도저히 자신이 없었기 때문입니다. 만일 그때 안으로 들어섰더라면 화술을 더 빨리 배울 수 있었을 겁니다. 하지만 참석하고 싶은 마음과는 달리 손이 얼어붙어서 도저히 출입문을 밀칠 수가 없었습니다. '조금 지나면 나아지겠지.' 하고 기다렸지만 소용없었습니다. 나는 결국 그 호텔을 나와버렸습니다. 만약 그때 선생의 강의를 들었다면 지난 5년을 허송세월하지 않아도 좋았을 것을.

나는 지금껏 사람들 앞에 서기만 하면 금방이라도 주저앉을 듯이 무기력했습니다. 저들이 날 손가락질하는 것 같아서 식은땀을 흘려야 했지요. 당연히 말도 제대로 못했지요. 그런데 이제 선생께서 가르쳐주신 단순하고 쉬운 몇 가지 방법만으로도 나는 그런 온갖 방해요소들을 뿌리칠 수 있게 되었습니다. 이제와 생각해보면, 5년 전에 조금 더 용기를 내지 못한 것이 정말 후회스러울 뿐입니다.

한 남자의 이 진솔한 고백은 테이블이나 식탁을 사이에 두고 은밀히 건넨 말이 아니다. 뉴욕의 강의 수료식장에서 2000명의 청중 앞에서 털어놓은 자신의 지난날에 대한 솔직한 연설이었다.

나는 그의 연설을 지켜보면서, 그 침착하면서도 자신감 넘치는 목소리에 강한 인상을 받았다. 이제 대중연설에 눈을 뜸으로써 경영자로서 그의 능력도 무섭게 상승하리란 것을 알 수 있었다. 나는 그가 대중연설의 공포를 완전히 날려버린 모습이 기쁘면서도 5년이나 10년 전쯤에 그 장애를 극복했더라면 얼마나 좋았을까 하는 아쉬움이 들었다.

일찍이 에머슨은 "많은 사람들이 부질없는 공포심에 패배의 쓴잔을 맛본다."고 갈파했다. 나는 그가 지금껏 마음 한편으로 얼마나 주눅 들어 살아왔는지 짐작할 수 있었다. 그래서 나 자신이 지금껏 공포로부터 사람을 구원하는 일에 매달려왔는지도 모른다.

그런데 내가 강의를 시작한 처음부터 '공포'라는 존재가 관건임을 깨닫게 된 것은 아니다. 오랫동안 수강생을 훈련시킨 경험을 쌓은 후에야 대중 연설을 배우는 것이 두려움을 극복하고 참된 용기와 자신감을 회복해준다는 사실을 알게 되었다. 즉 화술을 연습하고 훈련하면서 마음 한편에 웅크리고 있는 공포 등을 몰아내기 위해 치열한 싸움을 벌이게 되는 것이다.

연설공포증후군을 극복하는 자세

지금부터는 몇 주 동안의 짧은 훈련으로 연설공포증을 극복하는 방법을 소개하고, 자신감을 키우는 데 도움이 되는 방법도 소개하겠다. 꼭 기억해두었다가 자신의 모습과 비교해보기 바란다.

첫째, 연설할 때 두려움을 느끼는 사람은 당신 혼자만이 아니다.

모 대학에서 실시한 여론조사에 따르면, 화술 강좌를 듣는 학생들의 80~90퍼센트는 연설공포증 때문에 마음고생이 심하다고 밝히고 있다. 이것은 내 강좌에 참석하는 수강생들도 마찬가지다. 따라서 당신이라고 해서 특별히 주눅 들 필요는 없다.

둘째, 어느 정도의 연단공포증은 필요하고 오히려 도움이 된다.

사람은 누구나 불리한 환경에 맞닥뜨리면 우선 놀라게 된다. 그러나 잠시 후 그것을 극복하려는 노력을 하게 된다. 그러므로 연단에 서기 전에 심장박동이 빨라지고 호흡이 가빠지는 것을 지나치게 의식하고 걱정할 필요가 없다. 오히려 건강한 당신의 신체가 외부의 자극에 반응하며 대응할 자세를 갖추는 것이라고 봐야 한다. 이런 생리적 반응이 적절히 이루어져야 두뇌활동이 활발해지고 마침내 유창하게 말을 할 수 있게 된다. 또 사람은 약간 긴장된 상태에서 더 효과적이고 요령 있게 말을 잘한다. 따라서 당신은 자신의 정상적인 신체 리듬에 고마움을 느끼고 존중해줄 필요가 있다.

셋째, 연설이나 강연의 최고 전문가들도 연단공포증을 완벽하게 극복하기란 쉽지 않다.

연설을 시작하기 직전에는 누구라도 연단공포증을 경험한다. 또 연설을 시작하고도 얼마 동안은 이 느낌이 지속되기도 하는데, 이런 현상은 평범한 사람이 유능한 연설가가 되기 위해서 몇 번쯤은 겪어야 할 과정이다. 당신이 처음부터 '얼음처럼 차가운 이성'을 갖고 연설할 수 없는 것은 지극히 당연한 일이다.

넷째, 연설을 두렵게 생각하는 가장 큰 이유는 단순히 많은 사람들 앞에서 말하는 습관이 몸에 배어 있지 않기 때문이다.

특별한 사람이 아니라면 많은 사람들 앞에서 연설을 해본 경험이 거의 없을 것이다. 따라서 불안하고 두려운 것이 지극히 당연하다. 그러나 몇 번 경험을 반복하다 보면 그것이 그렇게 죽을 정도로 힘든 일은 아니라는 것을 자각하게 된다. 비슷한 예로, 테니스나 운전도 처음에는 무척 어렵게만 느낄 것이다. 그러나 그 방법을 배우고 익숙해진 다음에는 매우 쉽게 여길 뿐만 아니라 오히려 즐기는 기쁨까지 맛볼 수 있다.

화술을 익히는 방법도 마찬가지다. 두려운 마음을 뿌리치고 자신 있게, 편안하게 말하기 위해서는 반복적인 연습과 훈련을 멈추지 말아야 한다. 그래서 청중 앞에서 말할 기회가 주어질 때마다 작게나마 성공하게 된다면 당신은 고통이 환희로 뒤바뀌는 현실을 경험하고 감격의 눈물을 쏟게 될 것이다.

나는 유명한 심리학자인 앨버트. E. 위겜 씨가 두려움을 극복한 과정을 읽고 큰 감명을 받았다. 그는 고등학생 때 5분 동안 웅변해야 한다는 생각만으로도 거의 까무러칠 것 같았다고 고백했다.

날짜가 다가올수록 나는 정말 병이 나기 시작했다. 사람들 앞에서 말을 해야 한다는 생각이 떠오를 때마다 어찌나 머리가 아팠던지, 피가 거꾸로 솟구치고 얼굴이 화끈거려서 교실에서 뛰쳐나가 차가운 건물 벽에 얼굴을 대고 한참을 가라앉혀야 했다. 이런 증상은 대학에 들어가서도 좀처럼 나아지지 않았다.

한번은, '아담도 제퍼슨도 더 이상 존재하지 않는다'로 시작하는 낭독문을 열심히 암기한 적이 있었다. 그런데 막상 앞으로 나가자 머릿속이 하얘지고 내가 어디에 있는지도 모를 정도로 정신이 아찔해졌다. 그래도 어떻게든 첫 문장을 말한다는 것이, "아담도 제퍼슨도 죽고 말았다."라고 말해버렸다. 그다음은 전혀 떠오르지 않아

연신 머리만 조아려대고……. 친구들을 똑바로 쳐다보지도 못한 채 완전히 얼어서 겨우 자리로 돌아왔다.

뒤이어 담당 교수님의 목소리가 들려왔다. "에드워드 군! 갑작스런 비보를 전해줘서 큰 충격을 받았네. 하지만 우리 최선을 다해서 이 슬픔을 견뎌내기로 하세나."

아이들 사이에서 왁자지껄한 웃음소리가 터져 나왔고, 난 차라리 죽어버리는 것이 낫겠다고 생각했다. 그 후로 난 며칠을 앓아누웠다. 그랬던 내가 대중연설가가 되리라고는 당시에는 꿈에도 생각하지 못했다.

앨버트 위갬은 대학 졸업 후 1년 동안 덴버에 살았는데, 그 1896년의 정치 상황은 그에게 커다란 변화를 안겨주었다. 당시는 '은화(銀貨) 자유 주조'를 두고 논쟁이 뜨겁던 때였다. 우연히 은화 자유 주조를 주장하는 팸플릿을 접한 위갬은 윌리엄 제닝스 브라이언과 그 추종자들이 엉터리 공약으로 대중을 현혹하는 것을 보고 분개했다.

그는 차고 있던 손목시계를 전당포에 맡기고 여비를 마련해서 고향인 인디애나주로 돌아갔다. 그리고 그곳에서 건전한 화폐정책에 대해 연설하겠노라고 자청해서 나섰다. 그가 첫 연설에 나섰을 때, 청중 가운데는 대학 동창생들도 많이 섞여 있었다.

위갬은 당시의 일을 이렇게 회상했다.

연설을 시작하려고 할 때 학교에서 아담과 제퍼슨에 대해 발표하던 때가 눈앞에 펼쳐졌다.

나는 갑자기 숨이 막히고 목이 메면서 말을 더듬었고, 연설이고 뭐고 다 틀려버린 것 같았다. 하지만 몇 번의 심호흡 끝에 간신히 위기를 모면할 수 있었고, 연설 도입부를 그럭저럭 넘기자 그 작은 성취에 용기를 내어 한 15분 정도를 큰 어려움 없이 연설을 이어나갔다. 그런데 나중에 확인해보니 놀랍게도 내가 무려 한 시간 넘게 계속해서 지껄여댔다는 것이었다. 그 일이 계기가 되어 이런저런 강연에 불려 다니게 된 나는 불과 몇 년 사이에 세계적으로도 유명한 전문연설가가 되어 있었다.

너무 심하게 느끼지만 않는다면, 연설할 때의 약간의 두려움은 잘 활용해볼 필요가 있다. 이 현상이 발생하는 근본적인 원인은 청중 앞에서 말을 하고 싶어 하는 욕망이 강하기 때문이다. 그래서 반드시 극복할 수 있는 것인지도 모른다.

만약 그 정도가 심해서 두뇌활동을 방해하고 정신적으로나 육체적으로 고통을 몰고 와 말하기조차 힘들더라도 절대 포기해서는 안 된다. 연설을 시작하는 사람들 대부분이 흔히 겪는 증상이다. 극복하려고 꾸준히 노력하다 보면 이 공포는 방해가 아니라 오히려 적당히 긴장을 주는 수준으로 줄어들게 된다.

적절한 준비는 반드시 필요하다

몇 년 전, 정부의 한 고위관료가 뉴욕 로터리클럽의 만찬회장에서 연설자로 지명되었다. 그는 자신이 속한 정부 부처의 활동에 대해 연설하기로 되어 있었다.

그런데 그가 연설을 시작하자마자 청중은 그가 연설을 제대로 준비하지 않았다는 것을 알 수 있었다.

그는 처음에 생각나는 대로 즉석연설을 하려고 했다. 하지만 그것이 여의치 않자 주머니에서 정리되지 않은 메모 뭉치를 꺼내놓았고, 이것저것 메모를 들추고 더듬거리면서 점점 더 당황하며 쩔쩔맸다. 계속 횡설수설하고 미안하다며 사과하다가, 떨리는 손으로 물컵을 들어 입술을 축였다. 그렇게 어떻게든 말을 이어가려고 안간힘을 썼지만 점점 더 혼란스러워했고 뒤죽박죽 방향을 잃고 말았다.

준비가 안 된 탓에 수렁에 빠져 허우적거리는 남자를 지켜본다는 것은 참으로 민망했다. 나는 그처럼 체면을 잃고 창피를 당한 연사는 일찍이 본 적이 없다. 그는 곧 자기 자리로 돌아가 앉았지만 창피함에 한동안 고개를 들지 못했다.

나는 직업상 해마다 평균 5000건에 달하는 각종 연설을 평가하고 채점해왔다. 그 경험을 통해 에베레스트산처럼 우뚝 선 교훈 하나를 얻게 되었는데, '용의주도하게 준비한 사람만이 자기 연설에 자신감을 가질 자격이 있다'는 것이다. 준비를 제대로 하지 않은 채 전투에 임할 생각이라면 아예 포기하는 것이 낫다. 탄약도 없이 전쟁터에 나갔다가 무슨 수로 살아남겠는가?

에이브러햄 링컨도 철저한 준비의 필요성에 대해 이렇게 꼬집었다.

"아무리 경험이 풍부한 사람일지라도 완벽하게 준비하지 못한다면 연설 도중에 반드시 당황하는 순간이 찾아온다. 나는 부끄러운 줄 모르고 말할 정도로 늙지는 않을 것이다."

대니얼 웹스터도 "준비가 안 된 상태로 청중 앞에 나서는 것은 반나체로 서는 것과 같다."고 말했다.

연설 내용을 암기하지 말라

'완벽한 준비'의 의미를 할 말을 모두 암기하라는 말로 오해해서는 안 된다. 연설의 내용을 처음부터 끝까지 외우는 것은 시간과 정력의 낭비일 뿐 아니라 오히려 역효과를 초래할 수도 있다.

미국의 뉴스 해설가 H. V. 칼텐본은 하버드 대학 시절 웅변대회에 참가하게 되었다. 그는 '젠틀맨, 더 킹(Gentleman, the King)'이라는 제목의 글을 준비하고 단어 하나하나를 몽땅 외우고 수없이 반복하여 연습을 했다.

웅변대회 당일 연단에 선 그는 "젠틀맨 더 킹." 하고 제목을 말했다. 그런데 그 말이 끝나자마자 갑자기 막막해졌다. 머릿속이 하얘지고 눈앞이 캄캄해졌다. 덜컥 겁이 난 그는 어떻게든 상황을 모면하고 싶었다. 그래서 수없이 암기했던 문장들을 제쳐두고 생각나는 대로 즉흥적인 이야기를 시작했다.

그런데도 대회가 끝나고 심사위원들은 그에게 생각지도 않았던 일등상을 수여했다. 놀란 칼텐본은 한동안 입을 다물 수 없었고, 그 일을 계기로 그는 절대 연설문의 원고를 읽거나 암기하지 않았다고 한다. 그가 방송계에서 출세하게 된 성공의 비밀은 바로 그것이었다. 그는 약간의 메모 정도만 준비할 뿐, 미리 준비된 방송 대본을 읽지 않은 듯한 모습으로 청취자들에게 자연스럽게 이야기한다.

사람들은 말할 때 누구나 무의식적으로 말을 한다. 이것은 어떤 생각을 말로 표현할 때 낱말 하나하나를 골라서 사용하지 않는다는 뜻이다. 그런데도 말은 생각의 줄기를 따라 자연스럽게 흘러나온다. 따라서 이야기의 줄거리와 맥락만 정확하다면, 말은 우리가 산소를 호흡하듯이 자연스럽게 흘러나오는 성질을 갖고 있다.

영국의 수상 윈스턴 처칠도 비슷한 교훈을 얻기 위해 혹독한 경험을 치른 바 있다.

젊은 날의 그는 연설할 기회가 생기면 반드시 연설문을 작성해서 그것을 달달 외웠다. 그런데 그가 영국 의회에서 연설할 때 전혀 예상치 못한 일이 벌어졌다. 여느 때처럼 암기한 대로 연설을 하다가 그만 다음 내용을 잊어버린 것이다. 아무리 머리를 굴려봐도 한번 잊어버린 내용은 도무지 떠오르지 않았다.

당황한 그는 금세 얼굴이 시뻘겋게 달아올랐다. 끊긴 연설의 마지막 부분을 몇 번이고 반복해 읊조려보았지만 소용없었다. 크게 망신을 당한 처칠은 결국 그 연설을 중단해버렸고, 그날 이후로 절대 암기한 연설은 하지 않았다.

연설 원고를 단 한 자도 빼놓지 않고 모두 외운다 하더라도 그 효과를 100퍼센트 발휘하리라고 장담하기 어렵다. 누구라도 긴장한 채 청중 앞에 서면 힘들게 외운 것도 쉽게 잊어버릴 수 있다. 특히 반복해서 기계적으로 외워서 하는 말은 진심에서 우러나는 말이 아니다. 그래서 한 글자라도 틀리면 연속적으로 내용이 흐트러지거나 전부를 까먹게 된다.

누군가와 대화할 때 말하고 싶은 것을 생각하면 곧장 말이 되어 나오는 것이지 단어를 따로 생각하는 것이 아니다. 태어나면서부터 줄곧 그래왔다. 그런데 이제 와서 새삼 그걸 바꾸려고 한다면 될까? 할 말을 다 써놓고 암기한다면, 반스 부슈넬 같은 참패를 당하지 말라는 법도 없다.

반스는 파리의 미술대학을 졸업했고, 후에 세계적인 보험사 중 하나인 에퀴터블 라이프의 부회장이 되었다.

한번은 그가 웨스트버지니아주 화이트설퍼스프링스에서 미국 각지에서 모인 2000명의 사원들 앞에서 연설을 하게 되었다. 당시 그는 보험업계에 투신한 지 2년밖에 안 됐지만, 실력을 인정받아 특별히 20분의 연설 시간이 주어졌다.

반스는 자신의 위상을 높일 절호의 기회라고 생각했다. 하지만 불행하게도 그는 연설 원고를 미리 써서 모두 암기했다. 그러고는 거울 앞에서 40번이나 반복해서 연습하면서 단어와 제스처, 표정 하나하나까지도 꼼꼼하게 점검하면서 완벽하게 준비했다. 하지만 당일 막상 단상에 올라서자 갑자기 공포가 몰려왔다.

"이 프로그램에서 제가 담당한 역할은……."

그것으로 끝이었다. 더 이상 아무것도 떠오르지 않았다. 그는 당황하여 두어 걸음 뒤로 물러났다가 처음부터 다시 시작하려고 했다. 그러나 여전히 아무 생각도 나지 않았다. 또 다시 뒷걸음질쳤다가 다시 시도했고 마찬가지로 소용없었다. 그는 같은 동작을 세 번이나 반복했다. 높이가 1미터가 넘는 연단 뒤쪽에는 따로 난간이 없었고, 연단과 뒤쪽 벽 사이에는 1.5미터 정도의 공간이 있었다. 네 번째로 뒷걸음질치던 반스는 연단 아래로 거꾸로 처박혀버렸다. 이목을 집중하고 있던 사원들은 배꼽을 잡고 웃었고 분위기는 순식간에 웃음바다로 변했다. 누군가는 의자에서 굴러떨어져 바닥을 데굴데굴 굴렀다. 에퀴터블 라이프 역사상 그처럼 재미있는 장면을 연출한 사람은 아무도 없었다. 다행히도 청중은 그 장면을 고의로 연출했다고 생각했던 것이다.

그 난리를 치렀던 당사자인 반스 부슈넬은 어땠을까? 그 자신도 평생 그때처럼 난처하고 창피한 일은 없었다고 고백했다. 어찌나 참담했던지 사직서를 제출할 정도였다. 물론 상사들이 만류해서 없었던 일이 되었지만 말이다. 그 후 반스는 그 회사에서 연설을 가장 잘하는 달변가가 되었지만, 두 번 다시 연설 원고를 암기하는 일은 없었다고 한다.

나는 지금까지 남녀노소를 불문하고 수많은 사람들이 원고를 암기해서 연설하는 것을 지켜봐왔다. 하지만 그 내용은 기억에 남는 것이 단 하나도 없다. 만약 그들이 좀 더 자신감을 갖고 과감하게 방법을 달리한다면 어떤 일이 벌어질까? 그 연설은 훨씬 더 생동감 있고 흥미로워서 청중을 설득하는 힘이 강할 것이다. 그래서 나는 암기한 연설문을 줄줄 읊는 사람을 볼 때마다 안타까운 마음을 금할 수 없다.

물론 연설문을 하나도 외우지 않고 말하다 보면 꼭 말하고 싶은 요점 가운데 한두 가지는 빼먹을 수도 있다. 또 전체적인 맥락이 흐트러져 일관성 없는 연설이 될 위험성도 크다. 그러면 청중은 다소 실망할지도 모른다. 그러나 이런 단점에도 불구하고 청중은 연설자가 부속품으로 조립한 기계가 아니라 자기들처럼 뜨거운 피가 흐르는 인간임을 실감하고 좋아하는 것이다.

일찍이 에이브러햄 링컨이 남긴 연설에 대한 멋진 충고를 상기하자.

나는 더 이상 틀에 박힌 설교 따위 듣고 싶지 않다. 그것보다는 오히려 독침을 곧추세운 벌떼와 격투를 벌이는 곰처럼 격분한 사람의 연설을 듣고 싶다.

생각을 정리하고 예행연습까지 마쳐라

그렇다면 훌륭한 연설을 하기 위해 준비해야 할 것은 무엇일까?

먼저 당신의 일생에서 특별히 의미가 있었다고 판단되는 경험들을 떠올려본다. 그런 다음 그 경험을 통해서 얻은 교훈을 반추해보고, 거기서 얻은 생각과 개념과 자기 나름의 결론을 차분하게 정리해본다. 연설을 하기 위한 올바른 준비는 이와 같이 당신이 말하고 싶은 주제를 충분히 생각하는 것부터 시작해야 한다. 그 생각들을 충분하게 검토했다면 분석과 평가의 단계를 거쳐 종합해보는 절차를 세심하게 따를 필요가 있다. 즉 하고 싶은 이야깃거리의 주제를 깊이 고민하고 나서 이야기의 뼈대를 갖추는 것이다.

이에 대해 찰스 레이놀드 브라운 박사는 몇 년 전 예일 대학에서 행한 강연에서 매우 긴요한 말을 남겼다.

당신이 말하고자 하는 주제가 다각적인 검토를 거쳐 무르익은 후 준비한 여러 절차들이 하나의 결과를 낳을 때까지 기다려야 한다. 그래서 결과가 만들어지면 지금까지의 모든 과정을 잘 요약해서 글로 표현한다. 자신의 생각을 정리해보는 것이므로 도표를 그리듯이 일목요연하게 요약해도 좋다. 이런 방법은 이야기의 줄거리와 주제가 정돈되지 않을 때 잘 활용하면 도입부터 결론까지 하나의 맥락을 갖출 수 있어서 매우 효과적이다.

연설할 내용이 준비되었으면 즉시 연습에 돌입해야 한다. 이때 아주 쉽고 효과적인 방법이 있는데, 주위 친구나 직장 동료들과 일상적인 대화를 나누면서 자연스럽게 시도해보는 것이다.

예를 들어, 동료와 점심식사를 할 때 야구경기 이야기를 하다가 슬쩍 한번 던져본다.

"어이, 조지! 지난번에 나한테 매우 이상한 일이 있었는데, 한번 들어 보겠나?"

그러면 조지는 "뭔데 그래?" 하고 당신의 이야기에 귀 기울 것이 틀림 없다. 당신은 말을 하면서 조지의 반응을 잘 살피고, 이야기가 끝난 다음에도 그의 의견을 주의 깊게 경청해야 한다. 어쩌면 조지가 더 기발하고 쓸모 있는 얘기를 해줄 수도 있고, 냉철한 비판을 해줄 수도 있다. 하지만 당신이 특정한 연설을 하기 위한 예행연습을 했다는 사실은 끝내 말해서는 안 된다. 그래야만 그 친구가 더욱 허심탄회하게 자신의 느낌이나 의견을 말해줄 수 있다.

역사학자인 앨런 네빈스도 작가들에게 이와 비슷한 조언을 했다.

당신이 쓰고자 하는 주제에 관심이 있는 친구들을 찾아라. 그리고 당신이 그 주제에 대해 구상한 줄거리를 말해보라. 이 과정을 통해 당신이 미처 깨닫지 못했던 구성의 미비점이나 개연성이 부족한 줄거리들을 보완할 수 있을 것이다.

성공할 수 있다고 자기최면을 걸어라

앞서도 언급했듯이 말할 기회가 있을 때마다 연설 능력을 향상시킬 수 있는 계기로 삼아야 한다. 이를 위해서 다음의 방법들을 적용해보자.

이야기의 주제에 자신을 몰입한다

주제를 선택하고 잘 정리한 다음 친구들 앞에서 예행연습까지 마쳤다고 해서 모든 준비가 끝난 것은 아니다. 발표할 연설의 주제가 얼마만큼 중요한 것인가를 스스로에게 납득시키는 과정이 필요하다. 이 과정은 당신이 연설을 통해 자신의 신념을 불태울 수 있는 길을 찾아보게 만든다. 즉당신 스스로가 먼저 연설의 주제를 더욱 면밀하게 살피고 분석하여 숨겨진 의미까지 파악하도록 돕는 것이다. 그리고 청중이 당신의 이야기를 들음으로써 어떻게 도움이 되고 발전할 수 있는가를 항상 자문하게 만든다.

부정적인 생각의 씨앗은 던져버린다

연설을 시작하기 전에 혹시 실수를 저지르지 않을까 하는 걱정을 하지 않도록 특히 주의해야 한다. 말을 하다가 문법상의 잘못을 범한다거나 중간에 갑자기 말문이 막히면 어쩌나 하고 걱정하는 것은 괜히 사람을 맥 빠지게 만든다. 이런 쓸데없는 걱정은 평소 갖고 있던 자신감마저 갉아먹는 불필요한 요소들이다. 마음을 차분하게 가라앉히고 싶다면 차라리 앞서 말하고 있는 다른 연사의 연설 내용에 신경을 집중하도록 하자.

스스로 용기를 북돋운다

원대한 목표에 일생을 바쳐온 사람이라면 모를까, 대다수의 연설자들은 자신의 주제에 다소나마 회의를 갖기 마련이다. 청중이 좋아할지 어떨지에 상관없이, 그 주제가 자신과 어울릴지 어떨지 궁금할 것이다. 심한 경우에는 차라리 연설의 주제를 바꿔볼까 하는 생각도 든다.

이처럼 스스로 불안감에 휩싸여 있을 때 용기를 북돋워줄 수 있는 사람은 오직 당신 자신뿐이다. 당신이 하려는 이야기는 당신이 인생을 살아오면서 체득하고 깨달은 것이므로 당신에게 가장 적합하다는 것을 스스로에게 납득시켜야 한다.

비록 속으로라도 크게 이런 말을 자신에게 들려준다면 흔들리는 마음을 다잡을 수 있을 것이다.

"아무리 사람이 많아도 이 이야기를 들려줄 자격은 오직 나한테만 있다. 한번 해보자!"

자신감 있게 행동하라

윌리엄 제임스 교수는 그의 저서에서 다음과 같이 말했다.

인간의 행동은 감정의 상태에 따라 이리저리 움직이는 것처럼 보이기도 한다. 그러나 사실 행동과 감정은 함께 평행선을 달리고 있다고 봐야 한다. 감정은 행동만큼 직접적으로 의지의 지배를 받지는 않는다. 그러나 인간은 어느 정도 행동의 규칙을 정해놓음으로써 간접적으로 감정을 다스릴 수 있다.

그렇다면 사람이 자연스런 쾌활함을 상실했을 때 그것을 다시 회복하기 위해서 어떻게 행동해야 하는가? 무엇보다도 중요한 것이 어깨와 배에 힘을 주고 기분이 무척 명랑한 듯이 행동하고 말하는 것이다. 이렇게 해도 기분이 나아지지 않는다면 기다려보는 수밖에 없다.

마찬가지로 당신이 용기 있는 사람처럼 보이려면 정말 용감하게 행동하는 것이 꼭 필요하다. 또 실제로 용감해지기를 원한다면 당신의 정신적인 의지와 힘을 최대한 발휘해야 한다. 당신이 노력할수록 더욱 증대되는 용감한 열정은 두려움과 공포 따위를 손쉽게 물리칠 수 있을 것이다.

제임스 교수의 충고를 잘 기억했다가 충분히 활용한다면 크게 도움이 될 것이다.

재차 강조하건대, 청중과 마주해서 자연스럽게 행동할 수 있는 용기를 가지려면 당신은 이미 만반의 준비를 갖춘 것처럼 행동해야 한다. 물론 아무 준비도 하지 않은 채 용기를 가장한다면 청중은 금세 눈치채겠지만 말이다.

특히 당신이 말하고자 하는 내용과 주제를 정확하게 파악하고 있는 때에는 심호흡을 하는 것도 큰 힘이 된다. 청중 앞으로 나가기 30초 전쯤부터 숨을 크게 들이마시고 내쉬는 동작을 반복한다. 그러면 폐 속에 산소를 가득 채우는 만큼 새로운 기운을 얻고 절로 용기가 생길 것이다.

위대한 테너 가수인 장 드 레케도 "숨을 힘껏 들이마시면 초조감을 뭉개버릴 수 있다."고 말했다. 숨을 깊이 들이마시고 청중의 눈을 똑바로 응시하라. 그리고 그곳에 모인 사람들이 하나같이 당신에게 돈을 빌려간 채무자라고 생각하고 배짱 좋게 연설을 시작하라. 그들이 빚 상환을 늦춰달라고 애원하기 위해 모였다고 상상해보라. 그러면 심리적으로 훨씬 안정될 것이다.

만일 나의 이런 주장이 의심스럽다면, 이미 이런 방법으로 훈련한 수강생 중 누구라도 붙잡고 물어보면 금방 알 수 있을 것이다. 그래도 의심이 간다면, 용기의 표상으로 추앙받는 한 미국인을 떠올려보라.

세상에 둘도 없는 겁쟁이였으나 스스로 훈련을 통해 놀랍도록 대담한 사람으로 변신한 인물, 가는 곳마다 청중을 감동의 도가니로 몰아넣었던 훌륭한 연사, 미국의 위대한 대통령 시어도어 루스벨트다.

나는 태어날 때부터 허약한 체질에 부끄러워 말도 제대로 못했다. 젊어서도 소심하고 내 능력을 믿지 못하는 편이었다. 그래서 나는 병약한 몸뿐만 아니라 정신까지 단련할 필요가 있었다.

어릴 때 프레더릭 매리엇의 작품 중 한 부분을 읽고 깊은 감명을 받았다. 영국군 함장이 주인공에게 두려움을 극복하는 방법을 일러 주는 대목이었다.

선장은 처음 실전에 배치된 병사는 대부분 두려움에 떨기 마련이라고 말했다. 그럴 때는 어떻게 해야 하는가? 주먹을 꽉 말아 쥐고 전혀 무섭지 않은 듯이 행동한다는 것이다. 이렇게 반복하다 보면 거짓으로 위장한 행동도 진실이 된다. 그래서 실제 상황이 닥치더라도 연습한 대로 두려움을 느끼지 않게 된다.

이것이 내가 따라 했던 이론이다. 처음에 나는 회색 곰에서부터 난폭한 말과 총잡이들까지 무서운 것이 너무 많았다. 그렇지만 두렵지 않은 것처럼 행동하면서 점차 그 공포를 물리칠 수 있었다. 지금이라도 누구나 시도해본다면 나와 비슷한 경험을 할 수 있을 것이다.

대중공포증을 물리친다면 우리는 어떤 분야에서든 그 가치를 아주 멋지게 향상시킬 수 있다. 그리고 이 도전에 대한 해답을 찾은 사람은 그것만으로도 한층 성장할 수 있으며, 그것으로 인생은 더욱 값지고 충만해지는 것이다.

한 세일즈맨은 이렇게 이야기했다.

"동료들 앞에서 몇 번 연습한 뒤로, 난 어떤 상대와도 마주할 수 있다는 자신감이 생겼습니다. 그러다가 한번은 유독 까다롭게 구는 도매상을 찾아갔습니다. 나는 상대가 '안 돼!'라는 말을 내뱉기도 전에 준비해간 샘플을 그의 책상에 쫙 펼쳐놓았습니다. 그리고 대담하게 의견을 개진한 결과 지금까지는 상상도 못했던 대량주문을 따냈습니다."

한 가정주부는 우리 강사에게 이런 이야기를 들려주었다.

"전 이제껏 대화를 주도할 자신이 없어서 이웃을 초대하지 못했어요. 그러다가 몇 번 강의를 듣고 클래스에서 발표를 해보고 나서는, 큰맘 먹고 난생처음 파티를 열었어요. 결과는 대성공이었죠! 손님들을 따분하지 않게 하는 건 별로 어려운 일도 아니었어요. 흥미로운 이야깃거리가 밤새도록 이어졌답니다."

졸업반 수강생인 서점 점원은 이렇게 말했다.

"객장에서 손님 대하기가 두려워서 괜히 주눅 들곤 했어요. 그런데 '화술교실'에서 몇 번 연습해본 뒤로는 말하는 데 자신이 생겼습니다. 자신감 있고 웃는 얼굴로 손님들을 대했고, 마음의 여유를 갖고 느긋하게 응대할 수 있었지요. 그랬더니 무슨 일이 일어났는지 아세요? '화술교실'에 나온 지 한 달 만에 매출이 45퍼센트나 뛰었어요!"

어떤가? 다들 족쇄처럼 옭아맸던 두려움을 떨쳐버리자 예전에는 힘들어하던 일들을 척척 해내고 있다. 콤플렉스를 극복함으로써 좀 더 진취적이고 성공적으로 나아가는 것이다.

당신이 사람들 앞에서 말할 때 겪는 공포를 극복한다면 다른 모든 일에도 자신감을 갖게 되는 것이다. 충분히 도전해볼 만한 가치가 있는 일이 아닌가?

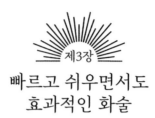

제3장
빠르고 쉬우면서도
효과적인 화술

나는 평소 텔레비전을 잘 안 보는 편인데, 한 친구로부터 오후에 방영하는 어떤 프로그램을 보라는 말을 들었다. 주로 가정주부를 대상으로 한 쇼 프로그램인데, 쇼에 참가하는 방청객들의 모습에 내가 흥미를 가질 게 틀림없다면서.

그 친구의 말이 옳았다. 사회자가 방청객을 참여시켜 자신에 대한 이야기를 털어놓게 하는 부분이 아주 흥미로웠다.

사회자는 고도로 훈련된 방송인이었다. 하지만 방청객들은 말하는 법에 대해 무지한 일반인이었고, 개중에는 문법이 엉망이고 발음이 어색한 사람도 있었다. 그런데도 다들 재미있게 이야기했다. 그들은 일단 말하기 시작하면 카메라를 의식하는 법 없이 다른 방청객들은 물론 시청자들의 이목을 집중시키고 있었다. 대체 어떻게 된 일일까?

나는 여러 해 동안 그 프로그램을 지탱해온 방법에서 그 해답을 찾을 수 있었다. 전국의 시청자들의 주목을 끄는 이 평범한 보통 사람들은 자신에 대해 이야기하고 있었다. 과거의 창피했던 일, 즐거웠던 추억, 심지어는 부부간의 갈등과 가정불화 따위의 일상들을 시시콜콜하게 모두 이야기했다. 그들은 서론이나 본론, 결론을 걱정하지 않았다. 말을 꾸며내느라 애쓰지도 않았고, 문장 구조를 고민하느라 머뭇거리지도 않았다. 그럼에도 시청자들에게 큰 공감을 불러일으키며 빠져들게 만들었다.

바로 쉽고 빠르게 대중연설법을 배우고 싶어 하는 사람들이 익혀야 할 세 가지 중 첫 번째 덕목을 보여주는 것이다.

말할 가치가 있는 내용을 선택한다

방청객들은 자신들의 이야기를 들려줌으로써 프로그램에 생기를 불어넣었다. 그들은 확실히 자신들이 잘 알고 있는 것을 이야기했다. 만일 그들에게 사회주의나 미국의 정치 현실을 묘사하라고 했다면 얼마나 따분했겠는가? 그럼에도 수많은 연사들은 이런 실수를 되풀이하고 있다.

연설자가 수박 겉핥기식으로 알거나 혹은 전혀 무지한 문제를 거론할 때, 눈치 빠른 청중은 귀 기울이지 않는다. 그런 연사들은 애국심·민주주의·정의 같은 주제를 선택한 뒤에 이 책 저 책을 정신없이 뒤지며 인용하여 써먹을 거리를 찾는다. 그리고 다른 연사들은 뭐라고 했는지도 뒤져 보고, 학창시절에나 귓등으로 들었음직한 정치이론을 끄집어낸다. 그러다가 결국 갖다 붙이기 급급한 연설을 하고 마는 것이다. 이것저것 끌어모아 장황하게 떠벌이는 식의 연설은 곤란하다. 관련서적을 참조하더라도 오랜 시간 정독해야 하고, 지식을 총동원해 원고를 가다듬어야 한다.

그럼에도 불구하고 이런 식의 연설은 큰 흥미를 끌지 못한다. 사람들은 그런 고차원적 담론에는 좀처럼 흥미가 없으며, 현실적이고 피부로 실감할 수 있는 주제에 귀 기울인다는 사실을 그들은 잘 모르고 있다.

몇 년 전 시카고의 콘래드 힐튼 호텔에서 한 수강생이 이렇게 연설을 시작했다.

"자유·평등·인류애야말로 우리 사전에서 찾을 수 있는 가장 위대한 명제입니다. 자유가 없다면 사람은 살아도 살았다고 할 수가 없습니다. 만일 행동의 자유가 제한된다면 어떻게 될지 한번 상상해보십시오."

그가 여기까지 얘기했을 때, 강사가 사려 깊은 태도로 그의 말을 중단시키고 나서 무슨 계기로 그런 믿음을 갖게 되었느냐고 물었다. 그에게 그런 주장을 펼칠 만한 증거나 경험이 있는지 질문한 것이다. 수강생은 처음에 무척 당황한 듯하다가 정말 뜻밖이고 놀라운 이야기를 들려주었다.

그는 지난날 프랑스 레지스탕스 출신이었다. 그와 그의 가족은 나치 치하에서 온갖 멸시와 박해를 받으며 살아야 했다. 그는 비밀경찰의 감시망을 뚫고 탈출한 이야기와, 어떤 경로를 통해 미국까지 오게 되었는지 생생하게 들려주었다. 그리고 이런 말로 끝을 맺었다.

"오늘 미시간 대로를 걸어서 이 호텔에 오면서, 나는 꿈에 그리던 대로 자유롭게 행동했습니다. 이곳에 오는 것도 돌아가는 것도 모두 나의 자유였습니다. 경찰관 앞을 지나쳐도 신경 쓰지 않았습니다. 호텔에 들어서면서도 신분증을 제시할 필요가 없었고, 모임이 끝나면 시카고의 어디든 내가 원하는 대로 갈 수 있습니다. 여러분, 자유는 정말 쟁취할 만한 소중한 가치입니다."

그의 멋진 연설에 청중은 일제히 자리에서 일어나서 열렬한 박수를 보냈다.

직접 경험한 것을 이야기한다

연사가 직접 경험한 교훈을 말하면 청중은 주목하게 된다. 그렇지만 대다수의 연사들은 그렇게 생각하지 않는 것 같다. 자신의 이야기가 너무 평범하고 제한적이라고 판단하고 대신에 무덤덤한 일반론이나 철학적 담론 같은 고차원적인 주제로 옮겨가버린다. 그러나 이런 연설은 불행하게도 공기가 너무 희박해서 보통 사람들은 호흡하기 힘들게 만든다. 청중은 따끈따끈한 뉴스를 원하는데 연사는 고리타분한 논설만 늘어놓는 식이다. 요점은 이렇다. '인생이 당신에게 가르쳐준 교훈을 이야기하라. 그러면 누구라도 귀 기울일 것이다.'

에머슨이 말했다.

아무리 지위가 낮은 사람의 말이라도 나는 항상 귀 기울여 들을 준비가 되어 있다. 왜냐하면 사람은 누구나 배울 점이 있다고 생각하기 때문이다. 그래서 철의 장막을 치고 떠드는 말보다 시장바닥의 걸쭉한 이야기가 더 좋다. 또 누군가 자신의 인생에서 배운 것을 이야기할 때는, 그것이 아무리 별것 아니고 크게 얻는 교훈이 없을지라도 결코 지루하지는 않다고 생각한다.

나 역시 살아오면서 누구보다도 많은 사람들의 이야기를 들어왔다고 자부한다. 설사 교훈이 고작 메모 한 줄일지라도, 인생의 경험담을 귀담아 들을 때 지루했던 적은 단 한 번도 없었노라 단언한다.

몇 년 전, 우리 강사 중 한 명이 뉴욕시티 은행의 중역들을 대상으로 화술을 지도한 일이 있었다. 보통 그런 부류의 사람들은 시간에 쫓기기 마련이어서 연설을 준비할 시간이나 준비한 내용에 확신을 가질 시간이 모자라기 일쑤였다. 그러나 평생을 살아오면서 자기 나름의 철학이 있을 것이고, 자신만의 독특한 시각으로 세상을 바라보며 지혜를 축적해왔을 것이다. 즉 40년이라는 긴 세월 동안 이야기의 재료를 축적해온 사람들인 것이다. 그런데 그 사실을 자각하지 못하는 경우가 많았다.

금요일 강의시간이 되자 주택단지의 은행에서 근무하는 한 은행가(편

66

의상 잭슨이라고 하자)는 강좌에서 무슨 말을 해야 할까 고민하면서 사무실을 나섰다. 그는 신문 가판대에서 《포브스》지를 사서 지하철을 타고 강의실까지 이동하는 동안 '10년 안에 성공해야 한다'는 제목의 기사를 읽었다. 특별히 관심 있는 소재는 아니었지만, 그는 주어진 시간을 메울 무언가가 필요했다. 그래서 강의실에 도착한 잭슨은 그 기사의 내용을 간추려서 그럴듯하게 발표했다. 결과는 어땠을까?

잭슨은 기사의 내용을 충분히 숙지하지 못했을뿐더러 자기 것으로 소화하지도 못했다. 그저 '말해보려고 한' 수준에 불과했다. 말에는 진정성이 없었고, 말투에서도 그것이 느껴졌다. 그는 계속해서 《포브스》 기사만 읊어댔고, 자신의 의견이나 주장은 조금도 덧붙이지 않았다.

강사는 쓴소리를 마다하지 않았다.

"잭슨 씨, 우리는 그 기사를 쓴 그림자 같은 인물에 대해서는 조금도 관심이 없습니다. 그 사람은 이 자리에 없으니까요. 우리는 당신이 어떤 분이고 어떤 생각을 하고 있는지 알고 싶습니다. 다른 사람이 말한 것 말고, 당신의 생각과 이야기를 당신의 입으로 들려주십시오. 이 《포브스》 기사 건도 그렇습니다. 다시 한 번 꼼꼼히 읽어보시고 필자의 의견에 동의할 수 있는지 생각해보십시오. 그래서 만일 당신도 같은 생각이라면 당신의 경험에 비추어 설명해주십시오. 만일 의견이 다르다면 어째서 그런지도 말씀해보시고요. 이 기사를 당신의 개인적인 이야기를 시작할 수 있는 출발점으로 삼는 겁니다."

강사의 충고를 받아들인 잭슨은 그 기사를 다시 꼼꼼히 읽고 나서 그 의견에 전혀 동의할 수 없다는 결론을 내렸다. 그래서 기억을 더듬어 필자와 견해가 다른 이유를 입증할 사례를 찾았다.

그는 은행의 중역으로서 여러 경험을 적용해서 그 생각을 배열하고 확장시켰다. 그래서 그다음 주 다시 찾은 '화술교실'에서 그는 자신의 경험담을 바탕으로 확신에 찬 이야기를 들려줄 수 있었다. 잘 정리한 남의 기사를 재탕하는 대신, 자신만의 광맥에서 끌어올린 원형의 보석처럼 귀중한 이야기를 들려준 것이다.

당신만의 이야깃거리를 찾아라

한번은 우리 강사들에게, '화술교실' 수강생들을 가르칠 때 가장 어려운 점이 무엇인지 물어보았다. 그 결과, '적당한 이야깃거리를 찾게 하는 것'이란 대답이 돌아왔다.

그렇다면 '적당한 이야깃거리'가 뭘까? 우선 화자 자신의 경험이나 오랜 시간 고민해왔던 생각 속에서 나온 이야기라면 적당한 이야깃거리가 될 것이다. 과거의 기억을 되짚어 살아오는 동안 겪은 의미 있는 일들을 반추해보면 이야깃거리가 떠오를 것이다. 어느 특정 시기의 주요 사건이나 후회스러운 이야기, 절실했던 이야기라면 무엇이든 적절한 이야깃거리가 된다.

한번은 수강생들에게, 어떤 이야기가 가장 흥미 있고 재미있는지 물어보았다. 그 결과, 한 개인이 살아오면서 겪은 인생담이라는 답변이 가장 많았다.

유년시절과 성장

가족 이야기, 유년시절의 기억, 학창시절에 관한 이야기는 주목을 끈다. 왜냐하면 사람들은 다른 사람이 살아오는 동안 어떤 환경에서 어떤 고난을 겪고 어떻게 극복했는가를 관심 있어 한다. 가능하면 실제 있었던 사례를 들어가며 이야기하라. 연극과 영화, 소설에서 주인공이 온갖 어려움을 극복해내는 이야기가 인기를 끄는 것은 이런 소재가 이야깃거리로도 재미있다는 것을 입증하는 것이다.

그런데 자신이 겪은 일이 다른 사람한테도 재미있다는 것을 어떻게 확신할 수 있을까? 한 가지만 확인하면 된다. 그 일이 수년이 지난 지금까지도 기억에 생생하다면 듣는 이들도 틀림없이 재미있어 할 것이다.

청년시절

사회에 진출하고 출세하기 위해 고생했던 젊은 시절의 이야기는 많은 사람들이 좋아하는 소재이다. 세상에 홀로 서서 치열한 경쟁을 뚫고 고군분투한 이야기, 성공하고 살아남기 위해 어떻게 했는지를 조목조목 이야기한다면 사람들은 기꺼이 귀담아들을 것이다. 어떻게 해서 현재의 직업을 갖거나 전문가가 되었는지, 일하는 데 힘든 점은 무엇인지, 어떤 계기가 당신의 운명을 좌우하게 되었는지 등…….

취미나 여가활동

개인적인 취미나 여가활동에 관한 이야기도 청중의 흥미를 끌 수 있다. 당신이 정말 좋아하는 것에 대해 말하는데 시큰둥해할 사람은 없다. 열정적인 취미생활 이야기는 청중의 호응을 이끌 수 있고 공감대를 형성하는 데도 도움이 된다. 당신의 특별한 취미에 쏟아붓는 순수한 열정이 듣는 사람에게도 그대로 전달될 것이다.

색다른 체험

자신만의 독특하고 색다른 경험은 훌륭한 이야깃거리가 된다. 우연찮게 유명한 인물을 만난 적이 있는가? 전쟁 통에 총알 세례를 받은 적이 있는가? 인생에서 정신적인 위기를 겪은 적이 있는가? 암을 극복한 경험이 있는가? 이런 것들이야말로 최고의 이야깃거리다.

믿음이나 신념

아마 당신은 오늘날 세계가 직면하고 있는 불가결한 문제에 대해 나름대로 생각해봤을 것이다. 중요한 문제에 대해 오랫동안 고민해온 사람이라면 말할 자격이 충분하다. 다만 이때에도 분명한 예를 들어가며 자신의 신념을 이야기해야 한다. 일반적인 담론만 잔뜩 늘어놓으면 따분해진다.

청중은 무미건조한 일반론은 듣고 싶어 하지 않는다. 따라서 그런 화제를 다룰 때는 뉴스 기사나 챙겨 보는 정도로는 안 된다. 청중이 그 문제에 대해 더 많이 알고 있을 수도 있다. 단지 조금 더 알고 있는 수준이라면 차라리 언급하지 않는 편이 낫다.

앞에서도 지적했듯이, 연설을 준비한다는 것은 단순히 할 말을 종이에 적어 내려가거나 문장을 줄줄 암기하는 것이 아니다. 또 대충 읽은 책이나 뉴스 기사를 통해 얻은 생각을 재탕하는 것도 아니다. 당신의 생각과 마음에 깊이 파고들어 살아오는 동안의 경험에서 축적된 신념 가운데 그 무엇을 밖으로 끄집어내는 것이다.

과연 쓸 만한 게 있을까 의심하지 마라. 분명히 있다. 당신이 발굴해내기를 기다리며 무궁무진하게 쌓여 있다. 너무 사적인 이야기라서 청중이 외면하지 않을까 걱정하지 마라. 그리고 가능하면 당신 말고는 말할 사람이 없다 싶을 그런 화제를 선택하라. 아마도 전문 강사들이 해주는 말보다 훨씬 더 재미있고 감동적일 것이다.

주제에 대해 흥미를 가져라

이야기할 만한 적절한 화제를 골랐다고 해서 다 관심을 갖는 것은 아니다. 예를 들어 당신은 접시닦이에 대해 이야기할 수 있다. 하지만 실제 접시닦이를 해본 경험이 없다면 자연스럽게 이야기할 수 없을 것이다. 실제 접시닦이가 직업인 사람은 자격이 충분하지만 왠지 그 이야기는 내키지가 않고 언급하기조차 싫을 수도 있다.

그런데 가사노동의 전문가라 할 수 있는 주부라면 어떨까? 대수롭지 않아 보이는 설거지에 대해서 훌륭한 이야기를 만들어낼 수 있다. 오랫동안 해온 단순노동에서 자신만의 노하우도 있을 것이고, 귀찮기만 한 뒤치다꺼리를 어떻게 하면 줄일 수 있을지 온갖 궁리를 다 해봤을 테니 침을 튀기면서 열변을 토할 수 있다.

당신이 대중 앞에서 열변을 토할 가치가 있다고 느끼는 주제에 대해 정말 그런지 검증해볼 한 가지 방법이 있다. 만일 누군가 당신의 의견에 적극 반박할 때, 당신은 확신에 찬 진지한 태도로 자기주장을 펼치며 충분히 방어할 수 있어야 한다. 만약 그렇다면 당신에게 적절한 화제를 고른 셈이다.

나는 1926년 스위스 제네바에서 열린 국제연맹 회의를 방청한 일이 있었는데, 최근에 그때 적어두었던 메모를 발견하여 그중 한 문장을 소개해본다.

네댓 명이 코를 박고 원고를 읽는 듯한 따분한 연설을 한 후에 캐나다에서 온 조지 포스터 경의 차례가 되었다. 그는 원고나 메모 한 장 없이 강단에 섰는데, 연설 내용이 더없이 훌륭하고 제스처도 무척 좋았다. 말 한마디 한마디에 열의가 넘쳐흘렀다. 가슴에 품은 확신을 가지고 진실하게 말하려고 하는 그 모습 자체가 아름다웠다. 내가 학생들을 가르치며 주장했던 강의의 본질이 포스터 경의 연설에 아름답게 녹아들어 있었다.

나는 지금도 가끔씩 그때 포스터 경이 연설하는 장면을 떠올려본다. 그는 진실했고 아무런 거짓이 없었다. 자기만의 확신으로 마음에서 우러나는 진실한 생각을 이야기할 때 그런 멋진 연설이 가능했던 것이다.

다음은 미국에서 가장 영향력 있는 설교가 중 한 사람인 홀턴 J. 쉰 주교가 《가치 있는 인생》에서 한 이야기다.

대학 때 나는 토론 팀 연사로 선발되었는데, 노트르담 토론대회가 있기 전날 밤에 지도교수님에게 불려가서 꾸중을 들었다.

"자넨 정말 형편없는 친구야. 개교 이래 자네 같은 토론자는 한 명도 없었어!"

나는 항변했다.

"그렇다면 이렇게 멍청한 절 왜 토론 팀으로 뽑으신 겁니까?"

교수님이 말했다.

"자네가 말을 잘해서가 아니라 생각할 줄 알기 때문이야. 연설 내용을 한 구절씩 끊어서 연습해보게."

나는 한 시간 동안 몇 번이고 다시 되뇌어서 한 문장을 반복했다. 듣고 있던 교수님이 다시 물었다.

"뭐가 잘못되었는지 모르겠나?"

"모르겠습니다."

"다시 해보게."

또 한 시간 반, 두 시간, 두 시간 반……. 나는 거의 녹초가 되다시피 했다.

"아직도 뭐가 잘못되었는지 모르겠나?"

나는 두 시간 반 동안 진을 빼고 나서야 비로소 깨달았다.

"예, 전 진실하지 못했습니다. 제 가슴에 있는 말이 아니었어요. 진심으로 제 자신을 표현하지 못하고 그냥 지껄이고만 있었어요."

그 순간에 쉰 주교는 평생을 간직할 교훈을 얻었다. 그는 자신이 하려는 이야기의 주제에 눈을 떴고, 연설에 자신의 생각을 집어넣었다. 그제야 교수님이 말씀하셨다.

"자, 이제야 자넨 말할 준비가 된 걸세!"

수강생 중 한 사람이 강사에게 말했다.

"나한테는 이야기할 만한 것이 하나도 없습니다. 그저 하루하루가 지루할 뿐입니다."

이럴 경우 우리 강사들은 그 사람에게 여가시간에 무얼 하는지 물어본다. 그러면 영화를 본다, 볼링을 친다, 꽃을 가꾼다 등등의 대답을 하는데, 그 수강생은 성냥갑 수집이 취미라고 했다.

강사가 그의 '성냥갑 수집'에 대해 계속 물어보자 그는 점차 생기가 돌기 시작했다. 그는 몸짓까지 섞어가며 수집품을 모아둔 장식장에 대해 이야기했고, 자기가 전 세계 대부분의 나라에서 수집한 성냥갑을 갖고 있다고 자랑했다. 강사가 웃으며 말해주었다,

"성냥 상표에 대해서 얘기해보는 건 어떨까요? 아주 재미있을 거 같은데요?"

그는 성냥갑 수집 같은 건 아무도 들으려 하지 않을 것 같았다고 했다. 수년 동안이나 자기 취미를 열정적으로 즐겨왔으면서도 화제로는 연결시키지 못했던 것이다. 강사는 그에게 어떤 이야깃거리가 흥미 있는지 알 수 있는 방법은, 그 일에 자신이 얼마나 몰입해 있는지를 자문해보는 것이라고 말해주었다.

그날 그 수강생은 광적인 수집가답게 열정적으로 이야기했고, 그 후로도 지역의 여러 모임에 참석해서 유쾌하게 성냥갑 수집에 관한 이야기를 함으로써 자신의 연설에 자신감을 얻었다.

청중과 공감하겠다는 열망을 가져라

대중연설에는 말하는 사람, 연설의 내용, 청중 이 세 가지 요소가 필요

하다. 지금까지는 주로 연설자에 대해 말했을 뿐 말하는 상황에 대한 언급은 없었다.

말하는 상황이 활기를 띠려면 청중에게도 생기가 넘쳐야 한다. 연설 내용은 연설자가 흥미로운 주제와 관련 내용으로 잘 준비했을 것이다. 그렇지만 완전한 성공을 위해서는 연설에 다른 요소가 반드시 들어 있어야만 한다.

연설가는 늘 청중을 의식해야 하며, 중요한 것은 자신의 이야기가 청중에게도 매우 중요한 것처럼 느끼게 만드는 것이다. 따라서 연사는 자신의 주제에 도취해야 할 뿐만 아니라 이 도취한 감정을 청중에게도 열정적으로 전달해야 한다. 역사적으로 성공한 대중연설가들은 엄청난 판매술 또는 앞서 이끌어가는 역량이라 할 만한 이런 특징을 갖고 있었다.

감동을 주는 연사는 청중도 자신이 느끼는 것을 느끼고 자신의 견해에 동감하기를 원한다. 또한 자신의 생각을 그들도 옳다고 느끼기를 원하고, 자신의 경험을 함께 공감하며 다시 체험해주기를 열망한다. 그러면서도 전적으로 청중 중심으로 생각하고 절대 자기 중심에 매몰되지 않는다. 그는 또 자기 연설의 성패가 자신의 말을 경청하는 청중의 마음에 달렸다는 점을 잘 알고 있다.

나는 미국 은행협회의 뉴욕지부에서 은행원들에게 저축을 권유하는 화술을 지도한 적이 있다. 그런데 직원 중에 유독 한 남자는 좀처럼 청중의 관심을 끌지 못했다. 나는 먼저 그 사람의 가슴에 주제에 대한 열망이 가득 차서 마음이 뜨거워져야 한다고 말했다. 그리고 주제에 대한 열정을 일깨우려고 이런 말을 들려주었다.

"뉴욕의 유언(遺言) 검인법원 기록에 따르면, 죽은 사람의 85퍼센트는 임종할 때 유산을 남기지 못하며, 1만 달러 이상의 유산을 남기는 사람은 고작 3.3퍼센트에 불과하다는 사실을 기억해두십시오."

그런 다음에 그 자신에게 이렇게 다짐하라고 말했다.

"나는 지금 무슨 억지 강요를 하려는 것이 아니다. 나는 이 사람들의 안정된 노후 생활을 위해, 또 사후에 유족들이 안정된 생활을 누리게 해주려고 준비하려는 것이다."

그는 스스로에게 사회를 위해 봉사한다는 위대한 사명감을 각인시켜야 했다.

그는 곧 내 조언을 따랐고 마음속에 새겨두었다. 그래서 일단 중요성을 인식하게 되자 열정이 끓어올랐고, 결국 사명감을 가질 수 있게 되었다. 그러자 자신감이 넘쳐서 적극적으로 저축을 권유하는 활동에 나섰다. 그는 확신에 찬 목소리로 청중에게 검소하게 살면 왜 좋은지 납득시켰다. 그는 이제 단순히 저축을 권하는 은행원이 아니었다. 올바른 대의를 위해 사람들을 전향시키는 전도사가 되어 있었다.

내가 처음 화술 훈련을 받을 때를 떠올려본다. 교수들은 철저히 타성적인 기교에 길들여져 있었다. 그들은 교과서적인 원칙에 얽매였고, 나쁜 습관 몇 가지를 기계적으로 반복해서 가르쳤다.

나는 내가 받은 최초의 화술 강의를 절대 잊을 수가 없다. 그것은 아무런 진지함도 찾아볼 수 없는, 무의미한 말과 동작의 연속이었다. 가슴을 쫙 펴고, 팔을 아래로 축 늘어뜨리며, 손바닥을 뒤집어서 엄지손가락을 넓적다리에 붙여야 했다. 그런 다음 우아하게 팔을 들어올리고, 손목을 부드럽게 돌리면서 집게손가락을 먼저 펴고 그다음에 가운뎃손가락을 펴며, 새끼손가락은 맨 마지막에 펴야 한다고 가르쳤다. 그리고 이 일련의 동작은 다시 곡선을 그리는 동작을 되풀이해서 손을 무릎 옆에 붙이는 것으로 끝났다. 모든 행위와 동작에 작위적인 티가 역력했다. 감각적이거나 진실한 면이라곤 눈곱만큼도 찾아볼 수 없었다.

나를 가르친 선생은 연설에 내 개성이 들어가도록 가르치지 않았다. 생기발랄하고 역동적인 사람이 평범하게 자기 의견을 말하듯이 자연스럽게 연설하라고 말해주지도 않았다.

Part 2

대중연설의 3요소_
연설, 연설자, 청중

청중을 사로잡는 이야기

제4장

모든 연설에는 다음 세 가지 요소가 필수적이다.

첫째, 연설. 전달하고자 하는 이야기의 내용이 경험이라는 날실과 씨실을 바탕으로 어떻게 재구성해야 하는지 설명하겠다.

둘째, 연설자. 연설을 활력 있게 하는 정신과 신체의 특성에 대해 살펴보겠다.

셋째, 청중. 청중은 이야기를 듣는 대상이자 강연자의 의도가 올바로 전달되었는지 아닌지를 결정짓는 최후의 심판자다.

인문학 박사와 한때 영국 해군으로 복무했던 우락부락한 남자가 같은 시기에 '화술교실'에 등록했다. 한 명은 의젓한 대학교수였고, 또 한 명은 퇴역하여 변두리에서 트럭 운송업을 하고 있었다. 그런데 나란히 발표를 하면, 트럭을 모는 남자가 하는 말이 대학교수의 말보다 훨씬 재미있었다. 왜 그랬을까?

교수는 정확한 발음에 상류층에서 쓰는 언어를 구사했다. 또 줄거리를 일관성 있게 엮어나갔고 이야기의 주제도 비교적 명확했다. 하지만 그의 연설에는 구체적인 예가 부족했다. 그래서 처음부터 끝까지 모호하고 추상적으로 들렸다.

반면 트럭 운송업자는 현장의 거친 말투와 천박한 언어를 그대로 사용했다. 그리고 한 가지 의견을 말할 때마다 일하면서 경험한 사례들을 덧붙여 이야기했다. 사업상 접하는 사람들과 나눈 대화라든가 교통법규를 지키는 것이 얼마나 골치 아프고 힘든 일인지를 생생하게 이야기해준 것이다. 그의 연설은 활기가 있었고 늘 신선했기 때문에 듣는 재미가 쏠쏠했다. 청중이 누구의 연설에 더 흥미를 느끼고 박수를 보냈을지는 불을 보듯 뻔한 일이다.

내가 이 이야기를 하는 것은, 교수나 운송업을 하는 사람의 전형을 들먹이기 위해서가 아니라 말을 풍부하고 다채롭게 함으로써 주목을 끄는 힘을 설명하기 위해서다. 이야기를 재치와 유머, 적절한 사례를 들어가며 전개하면 그만큼 청중의 관심을 끌 수 있는 것이다.

이제부터는 청중의 관심을 끌 수 있도록 연설의 질을 높여가는 방법에 대해 설명하겠다. 당신이 연설을 준비하는 첫 단계부터 이 방법들을 충실히 따른다면 확실히 청중의 이목을 집중시키는 데 유리할 것이다.

주제의 범위를 제한하라

일단 연설의 소재를 선택했다면 어느 부분까지 이야기할 것인지를 분명히 해야 한다. 그리고 이야기의 전개와 마무리를 그 범위 안에서 마쳐야 한다. 할 말을 다 쏟아내겠다는 욕심은 버려야 한다.

극단적인 예를 들어보자. 한 청년이 주어진 2분 안에 '기원전 60년의 아테네에서 한국전쟁까지'라는 거창한 주제로 연설한다고 하자. 그의 연설은 계획부터가 어긋나 있다. 참으로 무모한 시도인 것이다. 그는 2분 동안 겨우 아테네가 만들어지게 된 배경을 말했을 뿐이다. 이것은 짧은 이야기에 너무 많은 내용을 담으려는 욕심이 초래한 필연적인 결과다.

나는 이처럼 지나친 욕심 때문에 청중으로부터 외면당하는 연설을 수없이 많이 보아왔다. 청년의 경우처럼 극단적이지는 않더라도, 비슷한 이유로 실패하는 경우가 비일비재하다. 한번에 너무 많은 얘기를 쏟아내려 하다가는 실패한다. 만일 당신이 지난 1년 동안 일어난 모든 사건들을 나열하듯이 연설한다면, 청중은 죄다 딴청을 부릴 게 틀림없다. 단순한 사실의 나열에 계속해서 주의를 집중할 수 있는 사람은 없기 때문이다.

어떤 사람이 청중 앞에서 5분 동안 얼마 전 자신이 여행했던 옐로스톤 국립공원에 대해 이야기하려고 한다. 그는 자신이 본 것을 하나도 빼놓고 싶지 않은 마음에 국립공원에서 본 모든 풍경을 나열하려고 한다. 이러면 청중은 정신없이 빠른 설명에 혼이 나가고, 머릿속에는 이름 모를 폭포와 산등성이와 온천 따위가 마구 뒤엉켜버린다. 그러나 만일 국립공원의 어느 특정 부분, 가령 그곳에 서식하는 야생동물이나 따뜻한 온천욕에 대해서 집중하여 설명한다면 청중은 호기심을 갖고 그의 연설에 귀 기울일 것이다. 그러면 청중은 그 내용을 좀 더 오랫동안 기억할 수 있을 것이다.

상품을 팔거나 빵을 만드는 일, 면세품이나 탄도미사일에 대해 이야기할 때도 마찬가지다. 시작하기 전에 먼저 한계를 분명히 하고 시간에 맞춰 범위를 좁혀야 한다. 5분 안에 마쳐야 하는 연설이라면 한두 가지로 축약된 내용을 말하는 것이 바람직하다. 30분 정도의 연설이라도 네다섯 개 이상의 내용을 전달하는 것은 무리다.

준비 과정에 충실하라

당신이 연설하려는 목적과 이유를 자문해본다. 이것은 당신이 선택한 주제에 대해 의지와 신념을 확고히 하는 데 꼭 필요한 과정이다. '나는 왜 이 주제를 선택했는가? 내가 증명하고자 하는 것은 정확히 무엇인가? 나는 어떤 식으로 결론에 도달하려고 하는가?' 이런 솔직한 질문을 스스로에게 해봄으로써 더 크게 청중의 관심을 끌 수 있는 방법을 연구할 수 있다.

식물학의 귀재라 추앙받는 루서 버뱅크는 한두 개의 완벽한 식물표본을 구하기 위해 적어도 100만 개의 표본을 테스트로 만든다고 한다. 연설을 준비하는 사람이라면 누구나 본받을 만한 태도가 아닐 수 없다. 즉 하나의 연설 주제에 대해 100가지 이상의 자료를 준비하고 분석하고 평가해본다. 그리고 그중 90가지는 과감하게 버리는 결단이 있어야 한다.

베스트셀러인《아시아 기행 *Inside Asia*》의 저자 존 건서는 책을 쓰거나 연설을 준비할 때 자신의 기본적인 태도에 대해 이렇게 말했다.

"나는 항상 실제 필요한 것의 10배, 경우에 따라서는 100배의 정보를 수집합니다."

우리는 다음의 일화를 통해 그의 말에 충분히 공감할 수 있다.

건서는 1956년에 정신병원에 관한 일련의 기사를 쓰고 있었다. 그는 병원을 방문해서 그곳 관리자와 간호사, 입원한 환자들을 만나고 다녔다. 이때 내 친구 중 하나가 그와 동행하면서 정보를 수집하는 일을 도와주고 있었다. 그 친구는 건서와 함께 수도 없이 병동 계단을 오르내렸고 복도마다 헤집고 다녔으며, 3일 내내 이 건물에서 저 건물을 돌아다녔다고 했다. 건서는 그러는 동안 쉴 새 없이 메모를 했다. 그의 집필실에는 정부와 주 당국의 보고서, 병원에서 수집한 자료, 위원회의 통계 자료가 가득 쌓여 있었다.

내 친구가 말해주었다.

"건서 씨는 그러더니 결국에는 짤막한 네 꼭지의 기사를 쓰더군. 이런

저런 일화도 많고, 족히 책 한 권은 써도 좋을 분량을 갖고서도 말이야. 그가 종이에 타이핑한 글자는 불과 몇 그램에 불과했어. 하지만 그 몇 그램을 얻기 위해 준비한 메모 노트와 자료를 다 합치면 아마 10킬로그램은 됐을 거야."

건서는 자신이 원하는 기사를 얻기 위해 사소한 것 하나도 소홀히 하지 않았다. 그 자신이 노련한 채굴꾼으로서 금이 나옴직한 강바닥을 모조리 훑었고, 온 정성을 다해 모래를 체로 거르는 작업을 통해 몇 그램의 사금(砂金)을 채취해낸 것이다.

외과의사인 내 친구는 말했다.

"의술도 마찬가지네. 맹장을 떼어내는 방법을 가르치는 것은 10분이면 족하네. 그러나 혹시 도중에 잘못되면 어떻게 대처해야 하는지 가르치려면 4년이 걸리지."

이 말은 연설에서도 훌륭하게 적용된다. 미처 생각하지 못했던 문제가 발생할 때는 어떻게 대처할 것인지 세심하게 준비할 필요가 있다. 실제로 자신보다 먼저 단상에 오른 사람의 연설을 듣다가 중복되는 내용이 있을 때는 이야기의 전개를 어떻게 바꿀지 점검해본다든가, 연설을 마친 뒤 청중의 질문들을 예상해보고 그 답을 준비해두는 것도 연설의 완성도를 높이는 좋은 방법이다. 그러려면 하루라도 빨리 주제를 정하고 마음의 여유를 비축해야 한다. 절대 연설 당일이나 전날까지 미뤄서는 안 된다.

연설 주제가 정해지면 당신은 곧바로 잠재의식을 발동해야 한다. 운전을 하거나 버스를 기다리면서, 지하철 안에서도 주제에 대해 생각하고 검토하며 평가해보는 것이다. 무시로 집중하는 이런 시간과 공간 속에서 전에는 미처 생각지도 못했던 더 좋은 방법들이 떠오르는 것이다.

최고의 웅변가 중 한 사람으로 정치적 견해가 다른 청중까지 휘어잡는 재주를 가진 노먼 토머스는 이 점에 대해 매우 정확하게 충고하고 있다.

중요한 연설을 앞둔 사람은 마음속으로 그 주제와 요점을 수시로 반복해서 검토하고 함께 생활해야 한다. 그러다 보면 그것과 결부시켜 적용할 수 있는 사례가 많음을 알고 놀랄 것이다. 거리를 걷거나 신문을 읽다가, 취침 전이나 아침에 눈을 뜰 때 문득문득 떠오르는 여러 가지 단상들은 모두 당신의 연설에 도움이 될 재료들이다. 만약 당신이 이런 과정을 무시한 채 낡은 생각만 진부하게 늘어놓는다면 청중은 아무런 즐거움도 얻지 못할 것이다.

이런 과정을 거치는 동안 당신은 연설 내용을 글로 정리하고 싶다는 충동을 느낄지도 모른다. 그러나 이 방법은 절대 피해야만 한다. 왜냐하면 당신의 생각은 눈앞에 정리돼 있는 글 속에서 한 발자국도 더 나아갈 수 없기 때문이다. 더욱이 당신은 원고 내용을 조사 하나 틀리지 않게 외워버릴 위험성도 있다. 마크 트웨인은 연설 원고를 암기하는 것이 얼마나 위험한 방법인지 다음과 같이 지적하고 있다.

글로 적은 것은 연설하는 데는 적합하지 않다. 그것은 어디까지나 문장이기 때문이다. 일단 글로 쓰면 문어체가 되기 때문에 딱딱해서 탄력성이 떨어져 효과적으로 전달할 수 없다. 더욱이 연설의 목적이 교육용이 아니라 청중을 즐겁게 하기 위한 것이라면 유연하고 일상적인 말을 사용해야 한다.

제너럴 모터스의 발전에 크게 공헌한 찰스 프랭클린 케터링은 청중의 마음을 훈훈하게 해주는 연설로 유명하다. 그는 연설할 때 전부 또는 일부라도 미리 원고를 작성한 일이 있느냐는 질문에 이렇게 대답했다.

"나는 연설할 말을 종이에 적어두지 않습니다. 내 모든 것을 던져서 청중의 마음과 감정에 직접 전달하는 것이 좋지요. 종잇조각 따위는 나와 내 표현 사이에 끼어들 수 없지요."

구체적인 묘사에 공을 들여라

루돌프 플레시는 저서 《문장작법》 한 챕터의 첫 문장을 "감동 있는 것은 이야기뿐이다."로 시작한다. 그리고 《타임》지와 《리더스 다이제스트》를 예로 들어 설명하고 있다. 이렇게 발행부수가 높은 잡지의 기사는 대부분 이야기 형식을 취하고 쉬운 문장에 예화가 풍부한 것이 특징이다. 이런 이야기들은 가독성이 높을 뿐만 아니라 사람들 앞에서 얘기할 때도 흥미진진하며 전달력이 좋다.

목사이자 작가인 노먼 빈센트 필은 방송매체를 통해 수백만의 골수팬을 확보하고 있는데, 그가 생동감 있는 연설을 위해 즐겨 사용하는 방법은 상황에 적절한 사례를 많이 드는 것이다. 그는 한 잡지사와 한 인터뷰에서 이렇게 말했다.

"풍부한 사례야말로 청중의 생각을 명확하게 해주고 흥미를 느끼게 할 뿐만 아니라 설득까지 해주는 만병통치약입니다. 그래서 나는 중요한 논제를 증명할 때 항상 몇 가지 적절한 사례를 빼놓지 않습니다."

이 책의 독자들도 나 역시 중요한 사항마다 이해를 돕기 위해 다양한 사례들을 들고 있음을 눈치챘을 것이다. 내가 쓴 《인간관계론》의 요점, 즉 '친구를 만들고 사람을 다루는 방법'의 원리를 요약하면 한 페이지 반밖에 되지 않는다. 나머지 대부분은 다른 사람들이 이 법칙을 얼마나 효과적으로 활용하고 있는지 그 풍부한 사례들을 이야기하고 있는 것이다.

실례를 소재로 활용한다는 이 중요한 규칙을 익히는 데는 다섯 가지 방법이 있다. '인간미를 불어넣을 것, 이름을 사용할 것, 구체적으로 얘기할 것, 극적으로 표현할 것, 눈에 보이듯이 말할 것'이 그것이다.

인간미를 불어넣을 것

수강생들에게 자신이 알고 있는 성공에 대해 말해보라고 하면 대부분 추상적인 덕목을 나열하거나 인내와 꿈을 갖고 부단히 노력해야 한다는 식으로 말한다. 나는 토론을 중단시키고 말한다.

"그런 설교식 이야기는 아무도 듣고 싶어 하지 않습니다. 무엇보다도 재미가 있어야 합니다. 가장 전형적인 성공담은 온갖 어려움을 이겨내고 마침내 성공했다는 식의 이야깁니다."

나는 좀 더 구체적으로, 성격이 대조적인 두 사람을 예로 들어 이야기해달라고 요구했다. 즉 두 사람이 저마다 성공도 하고 실패도 하는데, 그 이유가 서로 다른 성격 때문이었다고 생각하는 얘기를 해보라고 한 것이다. 이런 이야기는 듣는 이들을 즐겁게 할 뿐 아니라 교훈적이기도 하다.

그날 저녁에 건축업을 하는 중년 남자가 매우 인상적인 이야기를 들려주었는데, 두 명의 대학 동창생에 대한 이야기였다.

두 친구 중 한 녀석은 절약하는 습관이 몸에 밴 친구였는데, 상점에서 여러 장의 와이셔츠를 구입해서 어느 메이커가 세탁이 제일 잘 되고 오래 입을 수 있는지 평가서를 작성할 정도였습니다. 그는 단돈 몇 푼을 쓰더라도 늘 신중하게 생각한 다음 지출하곤 했습니다.

그런데 이 친구는 자신을 지나치게 과대평가하는 면이 있었습니다. 졸업할 무렵에 그는 다른 졸업생들처럼 말단부터 시작해 한 계단 한 계단 밟아 올라가는 식을 원치 않았습니다. 그는 졸업 후 3년이 지나도록 계속 와이셔츠 품질 검사표를 만들면서, 자신에게 찾아올 행운의 일자리를 기다리고 있었습니다. 그러나 안타깝게도 그런 기적은 일어나지 않았습니다. 졸업한 지 25년이 지난 오늘날 그 친구는 별 볼일 없는 밑바닥 일을 전전하며 여전히 불평불만을 늘어놓고 있습니다.

한편, 다른 한 친구는 대인관계가 원만할 뿐만 아니라 누구한테나 호감을 주는 사람이었습니다. 그래서 항상 웃고 다녔죠. 이 친구도 사회적으로 출세하고 싶은 욕심은 많았습니다. 그러나 졸업 후의 첫발은 건축기사로 시작했습니다. 그는 열심히 현장 일을 하면서 자신에게도 기회가 찾아오기를 기다렸습니다.

때마침 뉴욕세계박람회가 준비되고 있었는데, 그 친구는 쇼룸을 만들 기술자들이 필요하다는 사실을 알게 되었습니다. 그는 즉시 필라델피아의 직장을 그만두고 뉴욕으로 갔습니다. 그곳에서 박람회를 후원하는 큰 회사를 수소문하여 담당자를 면담했고, 곧 공사 하청을 맡아 그 일을 성공적으로 수행했습니다. 그리고 박람회가 끝나자마자 고액의 연봉을 받고 그 회사 직원으로 채용되었습니다.

그 중년 남자가 들려준 이야기를 짧게 요약한 것이다. 실제로 그가 들려준 이야기는 더욱 흥미진진했고 인간미 넘치는 세심한 묘사까지 곁들임으로써 우리를 무척 즐겁게 했다. 더욱이 우리는 그 이야기를 통해 하루하루를 열심히 노력하며 살아가는 것이 얼마나 소중한가를 새삼 깨달을 수 있었다.

무엇보다도 놀라웠던 것은 그의 발표시간이 10분이나 됐다는 점이다. 평소 3분을 채우지 못해 낑낑대던 사람이 어찌나 그렇게 술술 말을 잘하던지! 자신의 연설이 사람들의 마음까지 들뜨게 했다는 사실에 그 자신도 믿을 수 없어하는 눈치였다. 그가 난생처음 성취한 인간승리의 작은 기적이었다.

누구나 이런 행운을 누릴 수 있다. 흔한 이야깃거리라도 인간미 넘치는 일화를 덧붙인다면 훨씬 재미있고 호소력이 생긴다. 꼭 필요한 요점에 풍부한 사례를 곁들이면 이야기가 풍성해지고, 그런 연설은 확실히 성공할 가능성이 높다.

물론 인간미 넘치는 사례는 당신의 환경과 경험에서 우러나온다. 이때 주의할 것은 우월감에 취해서 연설해서는 안 된다는 점이다. 이 점만 주의한다면 청중은 개인적인 이야기에 더욱 열광하고 크게 흥미를 느낀다.

이름을 사용할 것

연설 내용에 사람 이름이 등장하면 어떤 효과가 있을까? 무엇보다도 연설 내용을 쉽게 알아들을 수 있다. 또 독특한 개성을 느끼게 할 뿐만 아니라 그 내용을 실제 경험하고 있는 듯한 착각에 빠지게 한다.

그것이 가명인지 실명인지는 크게 중요하지 않다. 다른 사람과 관련된 이야기를 할 때는 가급적 실명을 말하고, 만약 그 사람의 이름을 밝히고 싶지 않다면 가명을 사용하면 된다. '스미스' '조지' 등의 흔한 가명이 '그' '그 사람'보다 훨씬 낫다. 이름을 쓰면 구별하기도 쉽고 개성도 훨씬 뚜렷해진 다. 그래서 루돌프 플레시의 지적은 매우 의미심장하게 들린다.

"개인의 실명만큼 이야기를 더 사실적으로 만드는 것도 없다. 반면에 익명처럼 비현실적인 것도 없다. 이름 없는 주인공이 등장하는 소설을 한 번 상상해보라."

따라서 당신도 연설할 때 구체적인 이름을 사용하도록 노력해야 한다. 그럴수록 청중의 마음을 사로잡을 확률이 높아진다.

구체적으로 표현할 것

세부적인 묘사를 어떻게 하면 더욱 분명하고 치밀하게 할 수 있을까? 여러 가지 방법들 가운데 가장 좋은 것은 기자가 신문기사를 쓸 때 사용하 는 육하원칙이다. 이야기를 구성하기 전에 스스로 '누가, 언제, 어디서, 무 엇을, 어떻게, 왜'라는 질문을 던지고 답을 해보는 것이다. 당신이 예를 들 때마다 이 방식을 선택한다면, 이야기가 다채로운 색채를 갖추게 되어 생 명력을 얻을 것이다.

이 법칙에 관련하여 내가 《리더스 다이제스트》에 기고했던 일화를 살 펴보면서, 어떻게 육하원칙이 활용되었는지 생각해보라.

나는 대학을 졸업하고 2년 동안 '아모르 앤 컴퍼니'의 세일즈맨으로 일했다. 열차를 타고 다니면서 사우스다코타 지역을 관리하고 있었다.

한번은 남쪽으로 가는 기차를 타기 위해 레드필드에서 두 시간 동안 머물러야 했다. 시간적 여유가 많았지만 그곳은 내 구역이 아니어서 물건을 팔 수도 없었다. 당시에 나는 머잖아 뉴욕에 있는 연극학교에 입학할 예정이었으므로 대기시간을 이용하여 연극 연습이나 하자고 생각했다. 나는 천천히 역 구내를 거닐면서 셰익스피어의 《맥베스》의 한 장면을 연습하기 시작했다. 한 손을 쭉 허공에 뻗치면서 연극조로 소리쳤다.

"오, 이 앞에 보이는 것이 내 단검인가? 칼자루가 내 쪽을 향하고 있군……. 어서 이리 오라! 내가 잡을 수 있게 해다오……!"

그때 갑자기 네 명의 경찰관이 달려와 나를 제압하면서, 왜 부인을 위협하느냐고 추궁했다. 물론 그때까지도 난 연극 무드에 푹 젖어 있었기 때문에, 경찰이 열차강도범으로 몰더라도 그렇게 놀라지는 않았을 것이다.

경찰은 나에게, 어떤 부인이 100미터나 떨어진 철길 가의 자기 집 창문 커튼 사이로 내가 떠드는 모습을 지켜보았다고 했다. 얼핏 보기에도 내 행동이 수상쩍어서 경찰을 불렀고, 때마침 다가오던 경찰은 내가 단검 어쩌고저쩌고하며 울부짖는 소리를 들었다. 나는 셰익스피어를 연습하고 있었노라고 했고, 가방을 열고 회사의 주문장을 보여주고 나서야 겨우 풀려날 수 있었다.

세부적인 묘사라고 해서 너무 자세하게 말하는 것은 오히려 안 좋을 수도 있다. 아무 의미도 없고 관련도 없는 사항들을 길게 나열하면 누구라도 금방 지루해질 것이다. 너무 시시콜콜한 이야기를 늘어놓으면 청중은 귀를 막고 외면해버릴 수도 있다. 외면과 무관심처럼 혹독한 비판도 없다.

극적으로 표현할 것
이야기 속에 적절한 대화체를 사용하면 효과를 높일 수 있다. 다음 일화에서 대화를 삽입한 것과 그렇지 않은 것의 차이점을 느껴보자.

한 남자가 불쑥 우리 가게로 찾아왔습니다. 그는 보름 전에 우리 대리점에서 설치한 가전제품이 제대로 작동하지 않아 무척 화가 나 있었습니다. 난 고장 난 부분에 대해서는 앞으로 1년 동안 애프터서비스를 해드린다고 말씀드렸습니다. 그제야 그 고객은 화를 좀 누그러뜨리더군요. 우리가 최선을 다해 수리해줄 마음이 있다는 것을 알고는 안심한 것입니다.

이 말은 사건이 제법 분명하게 묘사되었다는 장점이 있다. 하지만 등장인물의 이름이 빠졌고, 당시의 상황을 구체적으로 묘사하려는 노력이

엿보이지 않는다. 또 사건을 생동감 있게 만드는 대화체가 없어서 전체적으로 맥이 빠진 느낌이 든다. 그 부족한 점을 보완하여 다음과 같이 바꿔본다.

지난주 화요일 아침이었습니다. 갑자기 가게 문이 '쾅' 소리를 내고 열렸습니다. 깜짝 놀라서 돌아보니 단골 고객인 찰스 블랙삼이 잔뜩 화가 난 얼굴로 성큼성큼 걸어왔습니다. 미처 의자를 권할 틈도 없이 그가 뺵 소리쳤습니다.

"이봐, 에드! 더 이상 못 참겠네! 지금 당장 트럭을 몰고 가서 우리 집 지하실에 있는 그놈의 세탁기를 도로 실어가게!"

나는 대체 무슨 일이냐고 물었습니다. 찰스가 뻔하지 않느냐고 소리쳤습니다.

"순 엉터리잖아!"

찰스가 큰 소리로 말했습니다.

"툭하면 세탁물이 엉키고 걸려서 집사람 성화가 말이 아니야. 당장 치워버리라고!"

나는 그에게 앉아서 좀 자세히 말해달라고 부탁했습니다. 찰스는 손목시계를 들여다보며 씩씩거렸습니다.

"지금 앉아 있을 시간이 어딨나, 출근해야 하는데! 에이, 애당초 이런 동네 가게에서 가전제품을 사는 게 아닌데! 두고 보라고, 앞으로 다신 안 올 테니까 말이야!"

화가 난 찰스가 주먹으로 책상을 쾅 내리치는 바람에 나의 가족 사진이 엎어졌습니다. 그렇지만 나는 어떻게든 그를 달래야만 했습니다.

"이보게, 찰스. 잠깐이라도 차분하게 얘기해준다면 자네가 하라는 대로 뭐든 다 해주겠다고 약속하겠네."

찰스는 그제야 못 이기는 척 의자에 앉았고, 차분하게 대화를 나눈 끝에 그날의 소동을 원만하게 무마할 수 있었습니다.

연설을 하면서 항상 대화체를 삽입할 수는 없다. 그러나 위에서 알 수 있듯이 적절하게 직접화법을 이용한다면 충분한 극적 효과를 얻게 된다. 특히 화자가 성대모사의 재주라도 있어서 상대방의 목소리를 흉내 낸다면 더욱 효과가 크다. 즉 청중으로 하여금 일상에서 흔히 하는 대화 같은 실감을 주어 이해를 돕는 것이다. 그러면 진짜 일상의 모습을 옮겨온 것 같고, 마치 현장에 와 있는 듯한 느낌이 든다. 이런 연설은 적어도 학술회장에서 논문을 읽거나 웅변가들이 마이크에 침을 튀겨가며 소리 지르는 것 같지는 않을 것이다.

눈에 보이듯이 말할 것

연설 내용을 청중이 쉽게 이해할 수 있도록 하려면 연설자는 어떤 식으로 말하는 것이 좋을까? 한 가지 방법으로, 청중이 들은 이야기를 머릿속에서 한 폭의 그림을 그릴 수 있도록 구체적이고 익숙한 단어를 사용하는 것이다.

한 심리학자의 주장에 따르면, 우리가 얻는 지식의 85퍼센트 이상은 시각적인 효과에서 비롯된 것이라고 한다. 이 말은 텔레비전이 훌륭한 대중매체일 뿐만 아니라 광고를 전달하는 데도 엄청난 효과를 거두고 있음을 보면 쉽게 짐작할 수 있다. 대중연설도 청각예술일 뿐만 아니라 시각예술이라 할 수 있다. 그러므로 시각적인 효과를 높일 수 있는 내용으로 구성해야 연설의 질을 높일 수 있다.

당신이 몇 시간째 골프채를 휘두르는 법을 말로 설명한다면 듣는 사람은 지루해서 죽을 것이다. 그렇지만 무대에서 페어웨이에 떨어져 있는 공을 칠 때의 동작을 직접 시연해 보인다면 보는 이들은 눈을 크게 뜨고 집중할 것이다. 또 비행기가 비정상적으로 운행하고 있을 때를 팔과 어깨까지 들썩이며 설명한다면 듣는 사람은 훨씬 더 긴장해서 당신의 다음 말을 기다릴 것이다.

이 대목에서 문득 한 노동자가 들려준 이야기가 생각난다. 아마도 시각화된 이야기의 결정판이 아닐까 싶다. 연사는 대단한 입심으로 감독관과 능률전문가를 한껏 조롱했다. 과장된 손짓과 온몸으로 익살을 떨며 높으신 양반들이 고장 난 기계부품을 점검하는 모습을 흉내 내는 모습은 텔레비전의 코미디보다 훨씬 더 즐거웠다. 그 연설은 무엇보다도 그의 시각적인 묘사 때문에 기억에 생생하다. 아마도 그때 함께 웃음을 터뜨렸던 클래스의 수강생들도 두고두고 잊지 못할 것이다.

'어떻게 하면 내 연설 속에 시각적인 묘사를 집어넣을 수 있을까?' 하고 자문해보는 것도 좋은 방법이다. 그런 다음에 실례를 넣는 작업을 진행하면 된다.

그림이나 영상이 그려지는 문장을 구사하라

연설자가 그림이나 영상이 그려지는 문장을 사용하는 것은 청중의 주의를 끄는 중요한 기술이다. 이 기술은 자칫 소홀히 여기기 쉽고, 많은 연사들은 그런 것이 있는지도 모르는 것 같다. 요점은, 영상을 떠올리게 하는 말을 구사하는 것이다. 듣기 쉽게 말하는 사람은 청중의 눈앞에 영상이 떠다니게 하는 사람이라 할 수 있다.

청중의 뇌리에 영상이 떠다니도록 말로 구체적으로 묘사하라. 생생하고 적나라하게 서술하라. 영상은 우리가 숨 쉬는 공기처럼 공짜다. 연설 속에, 인용하는 대화체 속에 맘껏 뿜어내라. 그러면 이야기가 훨씬 더 재미있고 영향력도 커질 것이다.

"어떤 종족이 풍속과 관습 면에서 야만적이고 잔인함을 즐길 때, 그들의 형법은 가혹할 것이다."

우리는 이런 문장을 다음과 같이 바꿔서 말해야 한다.

"종족의 남자들이 투우나 검투사의 대결을 좋아하는 걸 보면, 그들은 교수형이나 화형 같은 잔혹한 형벌을 선호할 것이다."

그림이나 영상이 떠오르는 문구는 성경과 셰익스피어의 작품 속에 설탕공장에 몰려든 꿀벌처럼 많다.

예를 들어, 평범한 작가는 완전한 것을 더욱 향상시킨다는 표현을 하기 위해 '과잉'이라는 단어를 쓸 수 있을 것이다. 그러나 셰익스피어는 그림 같은 묘사로써 명문장을 남겼다.

"정교하게 다듬은 금에 박을 입히고, 백합에 순백색을 덧씌우는 것 같고, 제비꽃에 향료를 뿌리듯이……."

예부터 전해오는 금언이나 속담은 대부분 시각적인 표현을 구사하고 있음을 기억하라.

"물 위의 새 한 마리는 숲속 새 두 마리의 가치가 있다."

"비가 오기만 하면 퍼붓는다."

"말을 물가에 끌고 갈 수는 있어도 물을 먹이기는 힘들다."

또 지금은 너무 많이 쓰여서 진부한 것 같은 비유의 말에도 그림 같은 요소가 들어 있다.

"여우처럼 교활하다."

"문에 박은 못처럼 완전히 끝났다."

"빈대떡처럼 납작하다."

"바위처럼 단단하다."

듣는 사람이 영상을 떠올릴 수 있는 명확하고 뚜렷한 그림을 그리는 언어를 구사하라. 붉은 석양을 등지고 선 수사슴의 뿔처럼 뚜렷하고 분명한 이미지를 묘사하라.

예를 들어 '개'라는 단어를 생각하면 스패니얼이나 스코틀랜드산 테리어와 세인트버나드 혹은 포메라니안의 모습이 떠오를 것이다. 그러나 만일 연사가 '불도그'라고 하면 더욱 구체적인 모습이 머릿속에 그려진다. 여기에 '점박이 불도그'라고 하면 훨씬 더 그림이 명징해지지 않을까? '말 한 마리'라고 하는 것보다 '셰틀랜드산 검은 조랑말 한 마리'라고 말하는 것이 낫고, '암팡지고 싸움을 잘하며 한쪽 다리를 저는 수탉'이라고 말하면 그냥 '닭'이라고 말하는 것보다 훨씬 더 구체적이고 선명한 그림이 그려진다.

윌리엄 스트렁크 주니어는 《문체의 요소》에서 이렇게 말했다.

문장을 공부한 사람은 공통점이 있다. 바로 세밀하고 명징하며 구체적인 묘사를 통해 독자의 관심을 불러일으키고 유지할 줄 아는 것이다. 대문호인 호머와 단테, 셰익스피어가 지금까지도 감동을 주는 이유는, 이야기를 아주 상세하게 다루고 세밀한 부분까지 그림을 그리듯이 묘사했기 때문이다.

이것은 화술에도 똑같이 적용할 수 있다.

나는 몇 년 전에 화술 강좌의 한 과정을 사실적인 묘사를 검증하는 데 많은 시간을 할애했다. 이야기하는 사람은 모든 문장에 특정 사실이나 고유명사 또는 숫자나 날짜를 집어넣어야 한다는 규칙을 세운 것이다. 수강생들은 누군가 일반적인 말을 하면 서로 지적해주는 놀이를 했다. 그러자 청중의 머리 위로 떠다니는 뜬구름 같은 말이 사라지고 모든 말이 구체적이고 생생해졌다. 왁자지껄한 거리에서 마주친 사내한테서 듣는 것처럼 시원시원하고 활달한 말을 쓰기까지는 그리 오래 걸리지 않았다.

프랑스의 철학자 알랭은 말했다.

"어떤 경우라도 추상적인 문체는 좋지 않다. 문장은 돌과 쇠붙이, 의자와 테이블, 동물과 남자 그리고 여자로 풍성하게 채워져야 한다."

이것은 일상의 대화에서도 마찬가지다. 이 장에서 말하는 '세밀하게 묘사하기' 방법은 일상적인 대화에도 그대로 적용할 수 있다. 대화를 감칠맛 나게 하고 윤기 있게 해줄 것이다. 당신이 대화를 주도하고 말 잘하는 사람이 되고 싶다면 이 충고를 기억해주기 바란다. 반드시 도움이 된다.

세일즈맨이 현장에서 이 방법을 쓴다면 놀라운 친화력을 발휘할 수 있을 것이다. 관리직에 있는 사람이나 가정주부, 교사도 마찬가지다. 직원에게 작업을 지시할 때, 아이들을 훈육할 때, 학생들을 가르칠 때 구체적이고 사실적으로 묘사하면 큰 효과를 거둘 수 있다.

제5장
화술에 생명력 불어넣기

런던에서 로웰 토머스와 함께 일할 때의 일이다. 어느 일요일 아침에 하이드파크를 산책하던 나는 마블아치에서 많은 군중을 만났다. 그곳에서는 다양한 피부색만큼이나 제각각인 정치적 신념과 종교적 색채를 띠고 맘껏 자기주장을 펼치는 사람들이 있었다.

나는 처음에 교황에게 절대적인 지지를 보내는 가톨릭 신자의 연설을 듣다가, 발걸음을 옮겨서 카를 마르크스의 이론을 열변하는 사회주의자의 연설을 들었다. 그리고 세 번째로, 일부다처제 옹호론자의 연설을 들었다. 대충 살펴보니 일부다처제를 주장하는 쪽의 청중 수가 가장 적었다. 겨우 손에 꼽을 정도의 사람들만 흘려듣고 있었다. 반면에 다른 두 연사 주위로는 점점 더 많은 사람들이 몰려들었다.

나는 왜 그럴까 궁금했다. 두 사람의 연설 주제가 특별해서? 하지만 그것은 납득할 만한 이유가 되지 못했다. 그래서 나는 좀 더 시간을 갖고 세 사람의 연설을 지켜보았다. 그 관찰을 통해 일부다처주의자의 연설이 대중의 시선을 끌지 못하는 이유를 알 수 있었다.

일부다처제를 주장하는 사람은 제도의 장점을 말하고 있지만, 정작 그 자신은 그 사실에 큰 흥미가 없는 듯했다. 그래서 그의 연설에는 남을 설득할 만한 힘이 부족해 보였다.

반면에 다른 두 연사는 너무나도 열정적이었다. 목소리가 쩌렁쩌렁했고 연설에 활기가 넘쳐흘렀다. 말하는 주제에 한껏 도취되어 내젓는 손짓도 힘찼고 청중을 향한 얼굴도 반짝반짝 빛나고 있었다.

이 모습에서도 알 수 있듯이 활력과 생동감, 강한 의지는 연설자가 반드시 갖춰야 할 필수조건이라 할 수 있다. 이런 연사 주변에는 가을 보리밭에 몰려드는 야생 칠면조 떼처럼 청중이 몰려들기 마련이다.

그렇다면 청중의 이목을 끄는 활기찬 연설을 하려면 어떻게 해야 할까? 지금부터는 연설에 열기와 의지, 자신감을 담을 수 있는 몇 가지 방법을 살펴보겠다.

이야기에 신념을 불어넣는다

연설자는 확신에 찬 목소리로 자기 견해를 말할 때 지지자를 얻는다. 더욱이 연설 내용이 건전한 상식과 참된 진실을 바탕으로 한 것이라면, 그 연설은 굉장한 설득력을 발휘한다. 그런데 많은 연사는 청중이 과연 자신의 이야기를 재미있게 들어줄 것인가부터 걱정한다. 너무 걱정할 필요 없다. 당신이 청중의 마음을 사로잡고자 하는 욕망이 크면 클수록 정성과 노력을 들여 준비할 것이고, 그것을 청중은 충분히 알아준다. 특히 당신이 말하려는 것이 경험이나 취미를 통해 개인적으로 관심을 갖고 오랫동안 고민해온 것이라면 당연히 신이 나서 열띤 연설을 하게 될 것이다.

나는 지금껏 수많은 설득력 있는 연설을 들어왔지만, 일명 '새포아풀과 히커리 나무의 재[灰] 사건'처럼 기억이 생생한 경우도 드물다. 어처구니없게도 연사의 뜨거운 열정이 상식까지 뒤엎어버린 사건이었기 때문이다.

판매회사에 근무하는 세일즈맨이 자기 발표시간에, 씨앗이나 뿌리가 없이도 풀을 자라게 할 수 있다는 엉터리 주장을 펼쳤다. 그의 말에 따르면, 땅을 갈고 히커리 나무(북아메리카 원산의 호두나무의 일종)를 태운 재를 뿌렸더니 파릇파릇한 새포아풀(볏과의 한해살이풀 또는 두해살이풀. 가축사료용으로 재배된다)이 돋아나더라는 것이었다! 그는 새포아풀이 난 것은 오직 히커리 나무의 재 때문이라고 굳게 믿고 있었다.

나는 조용히 그의 주장을 비판하면서, 만일 그게 사실이라면 당신은 벌써 백만장자가 되었을 것이라고 말했다. 왜냐하면 그 당시 새포아풀 씨앗은 35리터에 수십 달러나 했기 때문이다. 또 그게 사실이라면 놀라운 과학자로 역사에 남을 거라면서, 고금을 막론하고 누구도 그런 주장을 한 사람은 없었노라고 말했다. 불타 재가 된 물질에서 생명을 싹틔운 사람은 단 한 명도 없었노라고.

나는 그가 너무 어리석은 주장을 하고 있다고 생각했기 때문에 힘들게 반박할 필요도 못 느끼고 차분한 목소리로 충고했다. 물론 다른 수강생들도 그의 주장이 말이 안 된다고 생각했다. 하지만 세일즈맨은 사람들의 반응에는 조금도 신경 쓰지 않았다. 그는 자신이 쓸데없는 말을 하는 게 아니라면서 주장을 굽히지 않았다.

"난 절대 억지 주장을 하는 게 아닙니다!"

그는 자신의 개인적인 경험을 들어가며 강하게 반박했다. 그는 자신의 견해에 확신이 있었다. 그래서 계속해서 그럴싸한 설명을 덧붙였으며 추가 증거까지 들이밀었다. 그의 목소리에는 진지함과 성실함이 담겨 있었다. 나는 그의 주장이 진실일 가능성은 전혀 없으며, 혹시 그럴지도 모른다는 막연한 희망을 가져서는 안 된다고 잘라 말했다. 그는 그러면 농무부에 확인을 해보자며 5달러 내기를 제안했다.

그 후 무슨 일이 벌어졌을까? 수강생들 중 몇 명이 그의 주장에 동조했고, 소란스럽게 웅성거리는 것으로 보아 나머지도 그쪽으로 기울어진 듯했다. 만일 투표를 했다면 내 편은 반도 되지 않았을 것이다. 나는 그들에게 처음 생각이 흔들리게 된 이유를 물어보았다. 그들은 하나같이 세일즈맨의 초지일관 진지하고도 강한 주장에 보편적인 상식에 의문을 품게 되었다고 말했다.

상황이 이렇자 나는 의구심을 말끔히 씻어주기 위해서라도 농무부에 편지를 써서 말도 안 되는 질문을 해야만 했다. 그런 질문을 한다는 자체가 부끄러운 일이었지만, 어물쩍 넘어갈 수 없는 문제였다. 당연히 농무부에서 돌아온 답장에는, 히커리 나무 재에서는 새포아풀을 비롯한 그 어떤 생명체도 나올 수가 없으며, 덧붙여 나와 똑같은 질문을 해온 사람이 또 있었다고 했다. 그 세일즈맨도 따로 문의 편지를 보냈던 것이다!

이 작은 에피소드는 나에게 결코 잊을 수 없는 교훈을 안겨주었다. 만일 연설자가 어떤 것을 진실로 믿고 온 힘을 다해 열정적으로 말한다면, 그는 자기주장에 대한 지지자를 얻을 수 있다. 심지어 재 속에서 새포아풀이 돋아난다고 해도 말이다. 그러니 상식과 진실에 기반을 둔 연설이라면 얼마나 큰 확신을 얻어낼 수 있겠는가!

많은 연설자들은 자신이 고른 주제가 청중의 관심을 끌 수 있을지 걱정한다. 확실히 관심을 끌 확실한 방법이 있다. 말하는 주제에 대해 자신의 열정에 불을 댕기는 것이다. 그러면 청중의 마음을 휘어잡는 건 절대 힘든 일이 아니다.

또 하나, 볼티모어에서 열린 강좌 때 있었던 일이다. 어떤 젊은이가 현재의 어로법에 따라 체서피크만의 쏨뱅이를 잡는다면 앞으로 몇 년 안에 멸종되고 말 것이라고 경고했다.

그는 자신의 의견을 말하는 데 매우 열정적이었다. 그로서는 그 일을 많은 사람들에게 널리 알리는 것은 매우 중요하고 심각했을 것이다. 그의 표정이나 말투에서 그것이 여과 없이 드러나고 있었다. 그의 연설을 듣기 전까지만 해도 나는 체서피크만에 쏨뱅이라는 물고기가 서식하고 있다는 사실조차 몰랐다. 아마도 다른 수강생들도 마찬가지였을 것이다. 그러나 우리는 놀랍게도 그의 연설이 끝나기도 전에 쏨뱅이 보호를 위한 법률 제정을 요구하는 탄원서에 동참할 생각을 하게 되었다.

이탈리아 대사를 지낸 리처드 워시번 차일드는 독자들의 흥미를 충족해주는 훌륭한 저술가다. 그는 훌륭한 저술가로 성공하게 된 비결을 묻는 질문에 이렇게 대답했다.

"인생이 너무나도 놀랍고 신비로워서 입을 다물고 있을 수가 없어요. 나는 어떻게든, 무슨 수를 써서라도 이 점을 많은 사람들에게 널리 알리고 싶을 뿐입니다."

누구라도 이런 자세를 갖춘 작가나 이런 자세로 말하는 사람에게 반하지 않을 수 없다.

이야깃거리는 분명히 있다

워싱턴에서 열린 우리 화술 강좌에 플린이라는 말쑥한 신사가 참가했다. 하루는 그가 수도 워싱턴을 연설 주제로 선택했다. 플린은 강의가 있던 날 급한 대로 여러 신문사에서 발간한 팸플릿을 모아 자료들을 정리했다. 그리고 수강생들 앞에서 준비해온 메모를 거의 그대로 읽어나갔다. 그래서 그의 목소리는 건조하기 그지없었고 발표 내용도 앞뒤가 맞지 않았다.

플린은 벌써 6년째 워싱턴에 살고 있었다. 그는 워싱턴을 주제로 연설할 생각을 하면서도 그 도시가 왜 좋은지를 자신의 경험을 바탕으로 설명하지 않았다. 그저 단조로운 사실만 나열했기 때문에 듣는 사람들은 지루하고 따분했다.

그로부터 2주일이 지나 플린에게 예상치 못했던 사건이 일어났다. 그가 새로 구입한 차를 길가에 주차했는데 누군가가 들이받고는 그대로 뺑소니친 것이다. 그는 보험금도 받을 수 없었고, 수리비도 모두 지불해야 했다. 이 사건은 그가 지금까지 경험한 일들 중에서 가장 불쾌한 일이었다. 그는 평생토록 잊지 못할 것이라고 주위 사람들에게 말했다. 그리고 바로 이 사건은 그에게 훌륭한 이야깃거리를 선사했다. 플린은 그 뺑소니 사건에 대해 마치 휴화산이 폭발하여 용암을 뿜어내듯이 술술 말을 쏟아냈고, 불과 2주 전만 해도 제발 그만 끝내줬으면 하던 수강생들도 아낌없는 찬사를 보냈다.

거듭 강조하지만 당신에게 걸맞은 주제를 선택하면 성공할 수 있다. 더욱이 그것이 마음속으로 확신하는 것이라면 거의 틀림없다. 누구한테나 인생의 어떤 단면에 대해 강한 믿음이 있을 것이고, 굳이 멀리서 찾을 필요도 없다. 당신은 이미 그것에 대해 오랫동안 고민해왔을 것이고, 그것은 늘 당신의 의식 표면에 놓여 있다.

얼마 전 사형제도에 대한 공청회가 텔레비전으로 생방송되었다. 여러 사람이 논객으로 나와 사형제도의 찬반에 대한 주장을 펼쳤는데, 그중에는 로스앤젤레스 경찰국에서 나온 경찰관도 있었다. 그 경찰관은 자신의 동료 열한 명이 무장강도가 쏜 총에 희생됐다는 사실에 기초해서 사형제도에 대한 강력한 옹호론을 펼쳤다.

역사적으로 청중의 심금을 울린 명연설은 모두 연설가가 주제에 대한 확신을 갖고 마음속 깊이 우러난 사자후를 토해냈을 때 만들어졌다. 진실은 믿음에서 우러난 것이고, 그 믿음에 기초한 연설은 뜨거운 감정을 느끼게 한다.

반면, 보스턴의 한 변호사는 잘생긴 얼굴에 유창한 말솜씨를 뽐냈지만 연설을 듣고 난 사람들은 한결같이 말만 반지르르한 사람이라고 비아냥댔다. 왜냐하면 그의 유들거리는 언변 뒤에는 아무런 진심도 담겨 있지 않았기 때문이다. 같은 클래스에 보험설계사가 있었는데, 왜소한 체구에 호감 가는 얼굴도 아니었고 가끔씩 말을 더듬기까지 했다. 하지만 그의 말을 듣고 있으면 진정성이 느껴져서 듣는 이들을 미소 짓게 했다.

링컨 대통령은 이미 오래전에 워싱턴의 포드 극장에서 암살당했지만 그의 진실한 생애와 연설은 지금도 우리 가슴속에 살아 있다. 법 지식 면을 놓고 볼 때, 그 시대를 살았던 사람들 중에 링컨보다 뛰어난 사람은 아주 많았다. 그는 부자도 아니었고 품위가 있거나 세련되지도 않았으며 달변가는 더더욱 아니었다. 그럼에도 게티즈버그나 쿠퍼 유니언 대학, 국회의사당 계단에서 그가 행했던 진실한 연설은 미국 역사상 가장 훌륭한 연설로 기억되고 있다.

어쩌면 당신도 많은 사람들처럼 자기한테는 대단한 확신이나 호기심거리가 없다고 말할 수도 있다. 그럴 때마다 나는 좀 더 열심히 찾아볼 것을 권한다.

"예를 들면 어떤 걸요?"

누군가 그렇게 물었을 때, 나는 절망적인 심정으로 말했다.

"하다못해 나가서 비둘기라도."

상대가 의아해하며 반문했다.

"비둘기요?"

"그래, 비둘기. 광장에 나가서 비둘기가 뭘 하고 있는지 관찰해보라고. 모이를 줘보는 것도 좋겠지. 도서관에 가서 비둘기에 관한 책도 한번 찾아보고. 그런 다음에 다시 와서 그 얘기를 해보라고."

며칠 후 돌아온 그 친구는 열정적인 비둘기 애호가로 변해 있었다. 비둘기에 관한 책을 40권이나 읽었다면서 하나하나 열거하는 그를 겨우 뜯어말렸다. 매사에 시큰둥하고 자신 없어하던 그는 어느새 수다스런 사람이 돼 있었다.

자기가 생각하기에 꽤 좋은 이야깃거리라고 판단되면 더 배우고 연구하라고 충고해주고 싶다. 어떤 것이든 알면 알수록 그만큼 더 진지해지고 열정적으로 흥분하게 될 것이다.

《판매의 5가지 원칙》의 저자인 퍼시 H. 휘팅은 세일즈맨은 자신이 팔고자 하는 물건에 대해 끊임없이 배워야 한다고 역설한다.

"좋은 물건에 대해 많이 알면 알수록 당신은 더 열정적으로 그 물건과 어울리는 사람이 될 것이다."

이야깃거리도 마찬가지다. 알면 알수록 더욱 진지해지고 열정을 불태우게 될 것이다.

사건에 대한 감정을 되살린다

사람들이 연극이나 영화를 보러 가는 이유는 간단하다. 인생을 살면서 느끼는 여러 가지 감정이 배우들의 연기를 통해 어떻게 표현되고 있는지를 공감하기 위해서다.

사람들은 어느 순간부터 남들 앞에서 자기감정을 있는 그대로 드러내놓기를 꺼리게 되었다. 그래서 마음에 온갖 스트레스가 생기고 짓눌리고 답답한 감정들이 쌓여만 간다. 이런 괴로운 마음은 건강을 해치므로 가능하면 그때그때 풀어주는 것이 가장 좋다. 영화나 연극을 자주 보러가고, 그

밖에 다양한 문화 활동을 접해보는 것도 권장할 만하다.

"어느 날 고속도로를 달리다가 속도위반에 걸렸다. 겨우 1마일을 초과했을 뿐인데 순찰대원은 조금도 봐주지 않았다. 결국 나는 교통법규 위반 딱지를 떼고 벌금을 물어야만 했다."

사건을 객관화하여 이렇듯 냉정하고 무미건조하게 묘사할 수도 있다. 하지만 자신이 실제 겪었던 일이므로 더 구체적이고 생생하게 이야기할 수 있는 것이다. 당신이 제3자인 듯 물러나 말한다면 청중은 큰 인상이나 느낌을 받지 못한다. 청중은 그때 당신이 어떤 느낌이었는지 솔직하고 정확하게 말해주기를 원한다.

청중 앞에서 이야기할 때 자신의 솔직한 감정을 드러내놓는 것이 무엇보다도 중요하다. 당신 말에 녹아 있는 정직함의 함량이 높으면 높을수록 그 이야기는 호소력을 갖는다.

열정적으로 행동한다

연설을 하러 청중 앞으로 나아갈 때는 아주 즐거운 일이 기다리고 있는 듯이 씩씩한 태도를 보여야 한다. 주눅 들어서 사형대로 끌려가는 듯한 인상을 주어서는 안 된다. 성큼성큼 앞으로 나아갈 때 당신에게도 뭔가 해낼 수 있다는 용기가 솟아날 것이고, 뭔가 큰 열망을 품고 있는 것 같고, 어서 말하고 싶어 죽겠다는 당신의 표정에서 청중의 기대치도 한층 높아지는 것이다.

말문을 열기 전에 먼저 숨부터 깊이 들이마신다. 몸을 굽히거나 탁자에 의지해서는 안 된다. 머리를 꼿꼿이 세우고 턱을 치켜들어라. 청중은 당신의 일거수일투족을 지켜보고 있다. 당신은 지금부터 그들에게 도움이 될 만한 이야기를 해야 하므로 한 치의 오차도 없어야 한다. 확고한 자신감으로 연설을 시작해야 한다.

당신은 이제부터 청중을 조종할 수 있는 지휘자가 된다. 강당 뒤쪽까지 쩌렁쩌렁 울리도록 목소리를 내려고 노력한다면, 그 소리에 당신도 기운이 날 것이다. 또 어떤 식으로든 자연스럽게 몸을 움직이면서 제스처를 취하면 훨씬 힘이 날 것이다.

도널드와 일리노어 레어드 부부는 《효과적인 기억술》에서 루스벨트 대통령에 대해 이렇게 표현했다.

"그는 자신의 트레이드마크가 된 정력과 거침없는 열정을 가지고 인생을 돌파해나갔다. 그는 자신이 맡은 일에는 무엇이든 깊은 관심을 가졌고, 설사 관심이 덜한 경우라도 깊이 몰두하는 척 행동했다."

루스벨트야말로 "열정적으로 행동하면 자연적으로 모든 행동에 대해 열정이 생길 것이다."라고 한 윌리엄 제임스 철학의 상징과도 같은 존재였다. 열정적으로 행동하면 열정을 실감하게 된다는 점을 기억하자.

제6장
청중을 연설에 끌어들이기

당신은 하나의 주제를 갖고 얼마나 연설을 계속할 수 있다고 생각하는가? 어떤 사람이 같은 제목으로 수천 번이나 연설을 반복했다면 믿겠는가? 그러나 그런 사람이 있다. 러셀 콘웰 박사가 그 주인공이다. 박사는 자신의 대표 연설이 돼버린 '다이아몬드의 땅'을 무려 6000번이나 강연했다.

언뜻 생각해봐도 그렇게 수없이 되풀이한 이야기라면 이미 판에 박힌 그렇고 그런 강연일 거라고 생각할 것이다. 그러나 콘웰 박사는 결코 그렇게 진부한 방법을 답습하지 않았다.

그는 강연을 개최하는 곳마다 모이는 청중의 취향도 각기 다르다는 것을 알았다. 그래서 연설을 준비하는 단계뿐만 아니라 진행을 하면서도 그 장소에 모인 청중의 취향에 맞고 이익이 될 만한 이야깃거리를 찾아내려고 부단히 노력했다. 그뿐 아니라 청중 개개인으로 하여금 그 연설은 자신을 위해 준비되었다는 느낌을 가질 수 있도록 세심한 부분까지 신경을 썼다.

나는 강연할 도시에 조금 일찍 도착해서 먼저 하는 일이 있습니다. 그곳의 우체국장이나 이발소 주인, 호텔 지배인, 학교의 교장, 택시기사 등 각계각층의 사람들과 만나 이야기를 합니다. 또한 근처 상점에 들어가 쇼핑하는 주민들과 대화하면서 그들의 생활이 어떻고 어떤 애로사항이 있는지를 파악합니다. 그런 다음에라야 그 도시에 적합한 좀 더 유용한 연설을 할 수 있게 되는 것입니다.

콘웰 박사는 자신의 주장이 전달되려면 듣는 사람의 입장이 되어 수긍할 수 있는 내용을 전개하는 것이 매우 중요하다고 생각한 것이다. 따라서 그는 연설회장에 모인 청중의 속성을 예리한 통찰력으로 파악함으로써 똑같은 강연을 한 적이 한 번도 없었다. 그의 최고 연설인 '다이아몬드의 땅'의 진짜 원고가 존재하지 않는 이유가 바로 이것이다.

그렇다면 말하는 사람과 청중 사이를 강하게 화합할 수 있는 비결은 무엇일까?

여기서 말하는 몇 가지 방법을 터득하면 당신의 연설도 오랫동안 살아남을 것이다.

청중의 흥미를 끄는 내용으로 승부한다

콘웰 박사는 항상 이야깃거리에 신경을 썼다. 그는 강연 내용에 그 지방의 격언이나 독특한 사례를 포함시킴으로써 청중의 관심을 끄는 데 성공했다. 청중은 그 내용이 자신들의 이야기인 것처럼 친근하게 느꼈고, 자신들의 관심사와 애로사항이었기에 흥미로웠다. 청중이 관심 있어 하는 것, 즉 그들에 관한 이야기를 언급하면 주의를 끌고, 그러면 공감의 문은 열리게 된다.

상공회의소 회장과 영화협회 회장을 지낸 에릭 존스턴도 연설할 때 이 방법을 즐겨 사용했다. 그가 오클라호마 주립대학의 졸업식에서 한 축사를 통해, 그가 얼마나 그 지역 주민들의 흥미를 끌 만한 내용들을 능수능란하게 구사하고 있는지 살펴보자.

오클라호마란 땅은 옛날에 전국을 떠돌던 상인들이 잠시 머물렀다 떠나는 곳이었습니다. 한마디로 뜨내기들의 마을이었고 정착민들이 적은 곳이었지요. 그래서 한때는 여행안내서에도 소개되지 않았던 것입니다.

제가 조크 하나 해볼까요? 1930년대에 오클라호마에 놀러왔던 적이 있는 까마귀가 친구 까마귀한테 말했답니다. 만약 오클라호마에 갈 일이 있거든 먹을 것을 충분히 준비해서 가라고요. 연방정부의 관리들도 오클라호마를 사막의 땅으로만 여겼지요. 그들은 이곳 사막에서 자라는 선인장조차도 꽃피우는 일은 없을 거라고 단정했었습니다.

그러나 여러분, 1940년대의 오클라호마를 기억해보십시오. 저 불모의 땅이 옥토로 변하고 아름다운 정원으로 활짝 피어났습니다. 브로드웨이의 환호를 받으면서 말입니다. '비가 그치고 산들바람이 불어오면 감미로운 밀 냄새가 파도처럼 밀려온다.' 이렇게 멋지고 서정적인 곳이 바로 오클라호마 아닙니까? 그렇습니다. 모래 폭풍이 휘몰아치던 황무지에 기적의 무지개가 떴습니다. 불과 10년 만에 오클라호마의 모든 땅이 사람 키를 훌쩍 넘는 옥수수 밭으로 뒤덮였습니다. 이것은 이곳 주민들이 흘린 땀방울에 대한 당연한 대가였습니다.

제가 오늘 왜 이렇게 과거의 이야기를 늘어놓고 있을까요? 그것은 다름 아니라, 부진했던 과거의 거울에 현재를 비춰보아야 앞날을 예견할 수 있기 때문입니다. 저는 이번 강연을 준비하면서, 1901년 봄 무렵의 《데일리 오클라호마》의 신문철을 뒤져보았습니다. 50년 전 이 땅의 생활상을 느껴보고 싶었기 때문입니다. 거기에서 제가 무엇을 발견했는지 아십니까?

저는 과거의 글들 속에서 희망을 발견했습니다. 얼마 되지 않았던 당시의 오클라호마 주민들은 자신들의 삶의 터전이 발전하기를 소망하고 있었습니다. 그렇습니다. 그것은 오클라호마의 미래에 대한 확신에 찬 기대였고, 거기에 커다랗게 '희망'이라는 글씨가 박혀 있었습니다.

이와 같은 연설에 주목하지 않을 오클라호마 주민들은 한 명도 없었을 것이다. 에릭 존스턴은 이렇듯 그들의 가장 가까운 환경 속에서 적절한 사례를 찾아 맞춤 연설을 했다. 그래서 그의 연설은 결코 복사한 듯한 냄새를 풍기지 않고 늘 듣는 사람을 위해 새로 준비한 것 같은 느낌을 주었다. 이처럼 당신도 듣는 사람과 관련 있는 내용을 이야기한다면 청중의 마음을 사로잡을 수 있다.

당신의 직업도 청중의 관심을 끌 수 있는 좋은 소재이다. 직업을 활용하여 청중에게 직접적인 이익을 주는 연설을 하면 된다.

예를 들어 당신이 변호사라면, "지금부터 유언장을 작성하는 방법을 알려드리겠습니다."라는 식으로 운을 뗀다. 또 회계사라면, "소득신고를 할 때마다 50~100달러를 절약하는 방법을 말씀드리겠습니다."라고 말해보라. 청중은 크게 흥미를 느끼며 진지한 표정이 될 것이다.

청중이 당신의 연설에 포함된 여러 지식을 들음으로써 자신의 문제 해결에 도움이 됐는지를 확인해보는 것도 좋은 방법이다. 그들은 당신의 연설이 매우 유용하다는 것을 알고 자연스럽게 다음 이야기에도 귀 기울이게 된다. 자신만의 특별한 재능이나 지식을 적극 활용하라. 그러면 청중의 전폭적인 지지를 얻을 수 있다.

해럴드 드와이트는 필라델피아에서 있었던 '화술교실' 졸업 축하연에서 매우 성공적인 연설을 남겼다. 그는 테이블에 둘러앉은 수강생들 한 명한 명에 대해서 차례로 언급했다. 그들이 처음 발표할 때의 말투와 태도가 어떠했는지, 지금은 얼마나 달라졌는지를 이야기했다. 또 그들이 순번에 따라 돌아가면서 발표했던 이야기와 함께 토론했던 주제를 상기시키면서, 그중 몇 명을 두고는 그들의 버릇까지 과장되게 흉내 내는 바람에 그곳을 웃음바다로 만들었다.

이런 훌륭한 재료를 가지고 있다면 연설에 실패할 가능성은 거의 없다. 세상이 아무리 넓고 이야기가 무궁무진해도 그토록 사람들을 즐겁게 해주지는 못했을 것이다. 이 연설은 더할 나위 없이 훌륭한 모범사례로서, 드와이트는 인간의 본성을 어떻게 다루어야 하는지 잘 알고 있었다.

나는 한때 《아메리카 매거진》에 기사를 연재하고 있었는데, 그때 '재미있는 살림' 코너를 담당했던 존 시달과 대화할 기회가 있었다. 시달은 이렇게 말했다.

사람들은 원래 이기적입니다. 그래서 자신과 관련 있는 일에만 흥미를 느낍니다. 철도 국유화나 정치문제에 대해서는 별로 관심이 없습니다. 그것보다는 어떻게 하면 출세할 수 있는지, 건강하려면 어떤 운동을 하는 게 좋은지를 궁금해하죠. 그래서 하는 말인데, 내가 만약 이 잡지의 편집장이라면 내용을 확 바꿔보겠습니다. 즉 치아 관리하는 법, 기억력을 높이는 법, 여름을 시원하게 보내는 법, 일자리 찾는 법, 직원을 잘 다루는 법, 주택을 구입하는 방법 같은 기사를 싣는 거지요. 사람들은 너나없이 그런 얘기에 솔깃해하고 흥미를 갖거든요.

또 사람들은 성공한 저명인사에 대해 궁금해해요. 그들처럼 자기도 성공하고 싶으니까요. 취재기자를 백만장자한테 보내서 어떻게 부동산으로 큰 부를 쌓게 되었는지 알아보고, 유명한 은행가나 자수성가한 사장들이 어떻게 출세할 수 있었는지 알아보게 하겠어요.

그 후 얼마 지나지 않아서 시달은 정말 그 잡지의 편집장으로 임명되었다. 당시 그 잡지의 발행부수는 10만 부를 조금 넘었다. 그런데 시달이 항상 마음에 품고 있던 기획을 기사로 싣자 정말 놀라운 반응이 나타났다. 매달 매진되었을 뿐만 아니라 발행부수가 20만에서 30만, 40만 부로 점점 늘어갔다. 1년쯤 지나자 잡지는 100만 명 이상의 고정 독자를 확보할 수 있었고, 그것도 금방 200만 명으로 불어났다.

당신도 시달처럼 사람들의 관심을 충족시키는 주제를 공들여 준비해보

라. 청중은 멀리서도 당신의 연설을 들으러 달려올 준비가 돼 있는 것이다.

진심으로 마음을 연다

한 강당에 모인 청중이라도 그들은 늘 개별적으로 반응한다. 따라서 연설자는 그들 공통의 칭찬할 만한 일을 찾아 호의적으로 평가하는 것이 좋다. 그러면 일단 청중의 마음을 열 통행권을 확보할 수 있다.

위대한 연설가 천시 M. 디포는 이렇게 말했다.

"청중과 관련 있는 일을 잘 알아본다. 그리고 그중에서 한 가지를 선택해서 말한다. 그들은 연설자가 알고 있으리라고는 상상조차 못했던 자신들의 일이 연설 내용에 포함된 것을 알고 깜짝 놀랄 것이다."

어떤 사람이 볼티모어 키와니스(Kiwanis; 미국·캐나다 사업가들의 봉사단체) 클럽에서 연설할 기회가 있었다. 그는 그 클럽의 볼티모어지부 회원 등록부를 살펴보았다. 그가 알 만한 인물은 국제본부의 회장을 역임했던 사람과, 현재 국제본부의 이사를 맡고 있는 사람뿐이었다. 그리고 이 두 사람에 대한 일은 클럽의 회원이라면 누구나 알고 있을 터였다. 한참을 고민한 그는 색다른 연설방법을 고안해냈다.

"볼티모어 키와니스 클럽은 10만 1898개 클럽 가운데 하나입니다."

연사의 첫마디에 청중은 일제히 귀를 곤두세웠다. 다들 이 사람이 지금

뭔가 크게 착각하고 있다고 생각하는 눈치였다. 그도 그럴 것이, 키와니스 클럽은 전 세계 지부를 모두 합쳐도 2897개에 불과했기 때문이다. 그들의 어이없어 하는 표정과 상관없이 연설자는 계속 말했다.

"그렇습니다. 여러분이 믿든 안 믿든 이 클럽은 수학적으로 분명히 10만 1898개 가운데 하나입니다. 10만 개나 20만 개 가운데 하나가 아니라 정확하게 10만 1898개 가운데 하나인 것입니다. 그럼 어떻게 해서 이런 숫자가 나온 걸까요? 간단합니다. 키와니스 클럽은 전 세계에 2897개가 있을 뿐입니다. 그런데 볼티모어 클럽에는 국제본부의 회장을 지내신 분과 현재 국제본부의 이사를 맡고 있는 분이 계십니다. 수학적으로 계산해볼 때 국제본부의 회장과 현재 이사가 동시에 재직할 확률은 10만 1898분의 1이기 때문입니다. 이 숫자에는 약간의 오차도 없습니다. 제가 존스 홉킨스 대학의 수학박사에게 의뢰해서 얻어낸 숫자니까요."

연사의 이런 성의 있는 태도는 회원들의 호감을 샀고, 그렇게 말문을 연 연설은 열띤 호응 속에 성공리에 마칠 수 있었다. 여기서 중요한 점은, 청중을 대하는 연사의 태도와 이야기가 매우 진지했다는 점이다. 대충 넘어가는 식의 무성의한 표현은 한 개인을 상대할 때는 몰라도 다수의 청중에게는 절대 통하지 않는다.

연설 첫머리를 "높은 교양을 갖추신 청중 여러분을 만나게 되어……." 라든가, "뉴저지주 호커스의 신사숙녀 여러분……." "저는 여러분 한 사람 한 사람에게 깊은 애정을 느낍니다." 식으로 해서는 안 된다. 마음에서 진정으로 우러나는 것이 아닌 형식적인 인사치레로는 청중의 마음을 얻을 수 없다.

공통점을 밝히고 청중의 이름을 인용한다

연설 초반에 청중과의 연결고리를 밝히는 것은 청중의 호감을 얻는 데 도움이 된다. 만약 당신이 한두 달 전에 연설을 의뢰받았다면, 아주 사소한 부분이라도 당신과 청중 사이의 공통점을 찾으려고 노력해야 한다.

영국 수상 해럴드 맥밀런은 당시 인디애나주 그린캐슬에 있는 드퍼 대학의 졸업식장에서 다음과 같은 인사말로 청중의 마음을 사로잡았다.

"여러분의 따뜻한 환영의 말씀을 진정으로 감사히 받아들이겠습니다. 영국 수상으로서 이런 훌륭한 대학의 졸업식에 초빙되는 일은 흔한 일이 아닐 것입니다. 여러분께서 저를 초청해주신 이유가 단지 제가 영국의 현직 수상이기 때문이라고는 생각하지 않습니다. 뭐, 사실은 그게 가장 큰 이유이긴 하겠지만요. 하하하!"

뒤이어 맥밀런은 자신의 모친이 인디애나 출신 미국인이고, 자신의 증조외할아버지가 드퍼 대학의 제1기 졸업생임을 밝혔다. 그는 감개무량한 표정으로 이렇게 말을 이어나갔다.

"저는 제가 드퍼 대학과 밀접하게 관련돼 있다는 사실을 오늘 이 기회를 통해 확실하게 깨달았습니다. 제 가문의 오랜 전통을 이어받게 해주신 여러분께 다시 한 번 진심 어린 감사의 뜻을 전하고 싶습니다."

연설자와 청중 사이에 의사소통의 길을 여는 또 하나의 방법이 있다. 그것은 청중 속에 있는 특정 인물의 이름을 부르는 것이다. 나는 이 경우를 아주 확실하게 체험한 적이 있다.

어느 만찬회에서 나는 그날의 주빈 옆에 앉아 있었는데, 그 사람은 그 자리에 참석한 사람들에 대해서 놀라울 정도로 호기심을 보였다. 그는 식사를 하는 동안에도 사회자에게 맞은편에 앉은 갈색 양복 차림의 사람이 누구며, 꽃장식이 달린 모자를 쓴 부인의 이름이 어떻게 되느냐고 쉴 새 없이 물었다. 그의 왕성한 호기심이 무엇 때문이었는지는 금방 밝혀졌다. 그는 그 짧은 시간 동안 외운 사람들의 이름을 자신의 이야기 속에 아주 적절하게 대입했던 것이다. 자신의 이름이 인용된 사람들의 얼굴에는 미소와 즐거움이 역력했다. 그의 간단한 테크닉 덕분에 연사와 청중 사이에는 따스한 분위기가 넘쳐흘렀고, 만찬은 끝까지 화기애애할 수 있었다.

제너럴 다이내믹스의 회장을 역임한 프랭크 페이스 주니어는 연설 중에 청중의 이름을 인용함으로써 크게 성공한 적이 있다. 그가 뉴욕의 한 만찬회에서 한 연설의 일부를 살펴보자.

오늘은 제게 여러 가지로 뜻 깊고 의미 있는 밤입니다. 첫째는,

이 자리에 제가 속한 교회의 로버트 애플야드 목사님께서 함께하신 것입니다. 목사님의 평소 말씀과 행동은 개인적으로 제게 큰 감동을 주었고, 저희 가족과 우리 교우들 모두 크게 가르침을 받아왔습니다.

다음으로, 루이스 스트라우스 씨와 밥 스티븐슨 씨 두 분께서 함께해주시니, 더할 나위 없는 영광이라 생각합니다. 두 분 모두 종교생활에 충실하신 분으로, 우리 공동체를 위한 봉사활동에도 솔선수범하시는 분들입니다. 저로서는 실로 크나큰 영광입니다.

여기서 한 가지 주의할 점이 있다. 잘 모르는 사람의 이름을 언급할 때는, 그의 이름이 연설의 내용과 잘 맞는지를 충분히 고려해야 한다. 또 이름을 거론하는 이유를 정확히 이해해야 하며, 어떤 경우라도 호의적으로만 거론해야 한다는 점이다.

연설 도중에 청중을 가리킬 일이 생길 수 있다. 이때는 삼인칭보다 이인칭대명사인 '당신들'을 사용하는 것이 낫다. 이 방법은 청중으로 하여금 자신들의 존재를 계속 인식하게 만들기 때문에 연설 분위기를 한층 더 팽팽하게 만든다.

뉴욕의 '화술교실'에서 한 수강생이 황산을 주제로 연설한 내용을 살펴보자.

황산(黃酸)은 여러 가지 형태로 당신의 실생활에 널리 사용되고 있습니다. 만약 황산이 없다면 당신의 자동차는 더 이상 쓸모없게 됩니다. 왜냐하면 황산은 등유나 휘발유를 깨끗하게 정제하는 데 사용하기 때문입니다. 당신의 직장이나 가정을 밝혀주는 전등도 황산이 없으면 켜지지 않습니다.

당신이 욕실 물을 받을 때 트는 니켈 도금한 수도꼭지는 제조 공정상 황산이 필수적입니다. 당신이 사용하는 비누도 황산을 거친 유지로 만듭니다. 칫솔이나 머리빗도 황산이 없으면 만들지 못합니다. 당신이 사용하는 면도기도 황산 용액으로 세척한 것입니다.

아침 식탁에 놓인 컵이나 접시도 황산을 이용한 가공 과정을 거칩니다. 당신 집에 있는 스푼이나 나이프, 포크도 은도금된 것이면 모두 황산 용액을 첨가함으로써 완성된 것입니다. 황산은 이렇듯 하루 온종일 이곳저곳에서 당신에게 영향을 끼치고 있습니다. 따라서 당신은 언제 어디서든 황산의 그림자에서 벗어날 수 없습니다.

그는 지속적으로 '당신'이란 대명사를 삽입함으로써 청중을 연설의 주인공으로 등장시키고 있다. 그래서 청중의 주의력을 환기하고 관심을 이어나가는 데 성공하고 있는 것이다.

그러나 '당신'이란 대명사를 잘못 사용하면 부작용이 나타나기도 한다. 비교적 높은 지위에 있는 사람이 청중에게 '당신들'을 남발하면 열등감과 모멸감을 느끼게 할 수도 있다. 이럴 땐 '당신'이나 '여러분'보다는 '우리들'이라는 대명사를 사용하는 것이 무난할 것이다.

미국의학협회의 보건교육부장 W. W.보어 박사는 방송에 출연해서 얘기할 때 이 방법을 자주 사용한다.

"우리가 좋은 의사를 선택하려면 어떻게 해야 좋은지 궁금하지 않으십니까? 또 우리들이 의사로부터 최선의 의료 서비스를 받으려면 어떻게 해야 할까요? 우리가 먼저 좋은 환자가 되어보는 것도 좋은 방법이 아닐까요? 그렇다면 우리가 어떻게 해야 환자다운 환자라고 말할 수 있을까요?"

청중을 파트너로 동참시킨다

연설자와 청중 사이에 보이지 않는 벽이 가로놓여 있는 경우가 있다. 이때 어떻게 하면 그 벽을 빠르게 허물어뜨릴 수 있을까?

나를 비롯한 많은 연설가들이 경험을 통해 공통적으로 내세우는 방법은 '한몫 거들게 하기'다. 연설 도중 어떤 요점을 크게 강조하거나 표현할 때 청중 가운데 한 사람에게 보조 역할을 맡기는 것이다. 이 방법은 확실히 청중의 이목을 집중시키는 데 효과적이다. 청중은 자신들 중 한 사람이 지목을 받고 연설의 한 역할을 담당하게 되면, 이제부터 무슨 일이 일어날지 촉각을 곤두세운다.

한 연사가 브레이크를 밟고 나서 차가 멈출 때까지 어느 정도의 거리가 필요한지 설명하는 강연을 했다. 강사는 맨 앞줄에 앉아 있던 청중 한 사람에게 도움을 청했고, 부탁받은 사람은 줄자의 끝을 쥐고 연설자가 멈추라고 할 때까지 걸어갔다.

나는 그 모습을 보면서 매우 훌륭한 방법이라고 생각했다. 그 실험 결과가 어떻게 나왔는지는 중요하지 않다. 그 줄자는 정확한 실험을 하기 위한 도구일 뿐만 아니라 청중의 마음을 이어주는 역할을 하고 있는 것이다. 그 작은 무대연출이 연설을 한결 진지하고 생동감 있게 만들어준다.

청중의 참여를 극단적으로 보여주는 사례가 바로 거리의 약장수다. 약장수는 행사 때마다 반드시 관중 속에서 한 사람을 불러내어 조수로 부리면서 쇼를 진행하고 약도 판다.

나도 연설할 때 종종 '한몫 거들게 하기' 방법을 쓰는데, 단순한 질문을 던지고 대답을 유도하는 방법을 사용한다. 청중에게 일어나서 강조점을 복창하게 한다든가 손을 들고 정답을 말하게 하는 방식을 선호한다.

퍼시 H. 휘팅은 저서인 《연설과 작문을 재미있게 만드는 법》에서 다음과 같이 충고하고 있다.

청중이 올바른 생각을 할 수 있도록 유도하라. 연설은 단순히 암기한 내용을 전달하는 것이 아니라, 자신의 주장을 펼쳐서 청중의 반응을 불러일으키는 것이 목적이다. 따라서 청중이 생각하는 훌륭한 연설이란, 연설자와 함께 올바른 생각을 해서 문제를 풀어나가는 과정임을 깨닫게 해야 한다. 즉 말하는 사람과 듣는 사람이 공동으로 추진하는 사업의 좋은 파트너라는 인식을 가져야 바람직한 것이다.

나는 청중을 '공동 파트너'라고 표현한 부분이 마음에 든다. 이 장에서 말하고자 하는 요점이 바로 이것이다. 따라서 당신은 청중에게 아낌없이 '공동경영권'을 나눠줄 수 있도록 항상 노력해야 한다.

아무리 겸손해도 지나치지 않다

청중에게 사랑받는 연사가 되려면 무엇보다도 항상 겸손한 태도를 갖추어야 한다.

한번은 노먼 빈센트 필이, 설교에 집중하지 못하는 교인들 때문에 고민하는 동료 목사에게 아주 유용한 충고를 해주었다.

필 박사는 그 목사에게 일요일 아침에 예배할 때 신도들을 대하는 그의 느낌을 물어보았다. 신도들을 좋아하는지, 그들에게 도움이 되고 있는지, 그들을 자신보다 지적으로 부족한 사람으로 여기지는 않는지 등등. 박사는 신도들에 대한 뜨거운 사랑이 느껴지기 전에는 절대 강단을 내려오지 말라고 충고했다.

청중은 정신적으로나 사회적으로 자신이 우월하다는 태도를 취하는 연설자는 금방 알아차린다. 따라서 연설자의 입장에서 청중의 호응을 얻는 최선의 방법은 자신을 낮추는 것이다.

메인주 연방 상원의원이었던 에드먼드 S. 머스키는 보스턴에서 열린 미국법조협회 토론회에서 이 방법을 잘 활용하여 좋은 반응을 얻었다.

나는 오늘 아침 이 회의에서 강연해야 한다는 의무감 때문에 여러 가지로 난처한 느낌을 맛보았습니다. 그 이유는 첫째, 여러분들이 하나같이 전문 자격증을 가지고 계시기 때문입니다. 여러 고명하신 분들 앞에서 제 빈약한 지식을 드러내 보인다는 것이 몹시 걱정됩니다.

둘째는, 이 자리가 조찬 모임이라는 점입니다. 이런 아침 모임은 효과적으로 경계하기가 매우 어렵습니다. 이런 상황에서 실패한다는 것은 정치가에게는 치명적인 일이 될 수 있습니다.

그리고 세 번째로, 나라의 녹을 먹는 사람으로서 논쟁거리가 될 수밖에 없는 주제를 다룬다는 점입니다. 제가 정치활동을 하는 한 지금부터 제가 할 이야기가 긍정적이든 부정적이든 정치적으로 날카로운 대립을 불러일으킬 수도 있을 것입니다. 이런 복잡한 심정으로 여러분 앞에 선 제 자신이 마치 우연찮게 나체촌에 날아든 모기처럼 느꼈습니다. 어디서부터 시작해야 할지 좀처럼 갈피를 잡을 수가 없군요.

아들라이 유잉 스티븐슨도 미시간 주립대학 졸업식장에서 자신을 한 껏 낮추었다.

저는 이런 자리에 서는 것이 도무지 익숙지가 않습니다. 그래서 마음을 안정시키려고 문득 새뮤얼 버틀러의 말을 떠올렸습니다. 그는 인생을 가장 중요한 것으로 만들려면 어떻게 해야 하느냐는 질문에 이렇게 대답했다고 합니다. "모릅니다. 인생은커녕 지금 당장 내게 주어진 15분을 어떻게 최선을 다할지도 모릅니다." 저도 마찬가지입니다. 앞으로 20분을 어떻게 해야 할지 막막할 따름입니다.

청중에게 반감을 사는 가장 확실한 방법은 당신이 그들보다 우위에 있다고 믿는 것이다. 청중 앞에서 연설할 때 당신은 쇼윈도에 진열돼 있는 것처럼 모든 인간성이 적나라하게 노출된다. 따라서 조금이라도 교만한 태도를 보이면 청중은 금세 눈치챈다. 반대로, 자신도 불완전한 인간이므로 최대한 겸손하게 최선을 다하는 모습을 보여주면 청중도 호의를 보인다.

미국 방송가는 부침이 심해서 유명 스타라도 매 시즌마다 치열한 경쟁을 거치면서 도태하는 일이 비일비재하다. 이런 와중에도 에드 설리번은 꿋꿋이 살아남은 사람 중 한 명이다. 그는 원래 신문기자 출신이었는데, 아이러니하게도 그가 살아남은 것은 어리숙한 모습 때문이었다.

카메라에 비춰지는 설리번의 몇 가지 버릇은 다른 사람이었다면 큰 단점으로 보였을 것이다. 그는 손으로 턱을 괴거나 등을 구부정하게 굽히고 있기도 했고, 넥타이를 잡아당기고 심지어는 말을 더듬기까지 했다. 그렇지만 모두 설리번에게는 치명적인 약점이 되지 않았다.

그는 사람들이 자신의 결점을 물고 늘어져도 싫어하지 않았다. 오히려 시즌에 한 번씩은 자신의 결점을 과장해서 풍자하는 코미디언과 동반 출연하여 시청자들을 웃게 해주었다. 설리번은 자신에 대한 비평을 환영했고, 시청자들은 그의 그런 점을 사랑했다. 청중은 겸손한 사람을 좋아하고, 으스대거나 지나치게 자기중심적인 사람한테는 화를 낸다.

헨리와 도나 리 토머스는 《종교 지도자의 생애》에서 공자(公子)에 대해 이렇게 서술했다.

"공자는 자신의 해박한 지식으로 사람들을 현혹하지 않았다. 그는 다만 너그러운 박애정신으로 그들을 교화하려고 애썼을 뿐이다."

만일 우리에게 진심으로 다른 사람을 포용하는 연민이 있다면, 청중의 마음의 문을 여는 열쇠는 이미 손에 넣은 것이나 마찬가지다.

*Public Speaking and
Influencing Men
in Business*

Part 3
—
**이야기의
네 가지 목적**

청중을 움직이게 하는 말

여기서는 원고 없이 하는 간단한 연설과 즉석연설에 대해 알아보자. '청중의 행동을 유발하는 짧은 연설' '정보를 전달하는 연설' '청중을 납득시키기 위한 연설'이 포함되어 있다. 즉석연설이란 갑작스럽게 연설을 요청받았을 때 설득력 있게 정보를 전달하고, 상황에 맞춰 재미있게 연설하는 것을 말한다. 상황에 대처하는 빠른 순발력이 필요하며, 연설의 대략적인 방향을 머릿속에 잘 정리하고 있을 때만 성공할 수 있다.

연설의 네 가지 목적

영국의 유명한 주교가 제1차 세계대전 중에 업턴 캠프에서 연설할 기회가 있었다. 부대원들은 전장에 투입되기 직전이었지만, 병사들은 자신들이 왜 전장에 가야 하는지 잘 모르고 있었다.

그러나 주교는 이런 병사들을 앞에 두고 엉뚱한 소리만 해댔다. '국제친선'이니 '세르비아의 권리'에 대해 설교한 것이다. 그들은 세르비아가 도시이름인지 질병 이름인지도 구분하지 못하고 있는데 말이다. 차라리 성운설에 대해 이야기하는 편이 나았을 것이다. 그런데도 주교가 설교하는 동안 강당을 빠져나간 병사는 단 한 명도 없었다. 문이란 문은 모두 헌병들이 지키고 있었으니까!

나는 주교를 비난하거나 과소평가하기 위해 이 말을 하는 것이 아니다. 주교는 학자다웠고 존경받는 성직자로서 꽤 영향력이 있었다. 하지만 군인들 앞에서 망신살이 뻗치는 것은 피하지 못했다. 왜 그럴까? 그는 자신이 무엇 때문에 연설을 하는지, 어떻게 해야 하는지 정확하게 알지 못했기 때문이다.

당신이 청중에게 연설하려는 이유는 무엇인가?

이 질문에 당신은 여러 가지 이유를 말할 수 있다. 그런데 당신뿐만 아니라 많은 사람들의 이유를 분석해보면, 보통 다음 네 가지 목적 가운데 하나가 될 것이다. 즉 청중으로 하여금 어떤 행동을 하도록 잘 설득하기 위해, 지식이나 정보를 제공하기 위해, 감동시켜 마음을 움직이기 위해, 즐거움을 주기 위해서다. 그리고 이와 같은 목적이 잘 드러나 있는 것이 에이브러햄 링컨의 연설들이다.

링컨이 모래톱이나 암초 같은 장애물에 좌초된 배를 들어 올리는 장치를 발명하고 특허까지 받았다는 사실을 아는 사람은 별로 없다. 그는 자기 변호사 사무실 근처에 있는 공작소에서 기구를 발명하고 있었다. 친구들이 사무실로 그 기구의 모형을 보러 왔을 때, 링컨은 한 번도 귀찮아하는 법 없이 친절하게 설명해주었다. 이것은 '지식이나 정보 제공'을 위한 것이었다.

그가 게티즈버그에서 역사에 남을 위대한 연설을 한 것은, 또 두 번의 대통령 취임 연설과 헨리 클레이의 추도 연설을 한 것은 '감동과 확신'을 주기 위한 목적이었다.

변호사로서 배심원을 상대로 변론할 때 링컨의 목적은 유리한 판결을 이끌어내기 위해서였고, 수시로 행한 정치적인 연설의 목적은 득표를 위해서였다. 즉 청중을 '설득하고 행동하게' 한 것이다.

링컨은 한때 발명을 주제로 순회강연을 다녔다. 그때 연설의 목적은 청중을 '즐겁게 해주는 것'이었다. 하지만 링컨은 이 순회강연에서 썩 만족스런 결과를 얻지 못했다. 실제 대중연설자로서 링컨의 경력은 아주 실망스러웠다. 어떤 곳에서는 그의 연설을 듣는 청중이 한 명도 없을 정도였다. 그러나 다른 연설에서는 굉장한 반응을 불러일으켰고, 그중 몇 가지 사례는 감동적인 연설의 고전으로 남아 있다.

링컨의 연설이 이처럼 큰 성공을 거둔 이유는 무엇일까? 그것은 링컨이 자신의 목적을 분명히 했고, 그것을 어떻게 성취해야 하는지 잘 알고 있었기 때문이다.

청중의 행동을 유발하는 연설

그럼에도 우리 주위에는 연설할 때 자신의 목적을 청중의 목적과 동일시하지 못하고 갈팡질팡하는 사례가 적지 않다. 실제로 어떤 하원의원은 뉴욕의 한 극장에서 청중에게 비난과 야유를 받고 쫓겨난 일이 있었다. 그가 아무 생각 없이 관객에게 한 수 가르치려는 듯한 연설을 했기 때문이다. 그 극장을 찾은 사람들은 뭔가를 배우려고 온 것이 아니었다. 그들은 단지 즐기고 싶었다.

그들은 10분, 20분 참을성 있게 들어주면서 어서 빨리 이 순서가 지나가기만을 기다렸다. 그런데도 지루하기 짝이 없는 연설은 좀처럼 끝날 기미가 없었다. 눈치 없이 하원의원은 계속해서 주절거렸고, 관객의 인내심은 바닥났다. 더 이상 견딜 수가 없었다. 누군가 야유를 보냈고, 기다렸다는 듯이 다른 사람들도 일제히 휘파람을 불며 야유했다.

청중에게 감동을 주지 못하는 연설은 계속할 수가 없다. 하면 할수록 불쾌감만 높아질 뿐이다. 화가 난 관객들은 연사의 입을 틀어막아야겠다고 결심했고, 1000명이 넘는 사람들이 동시에 소란을 피워댔다. 그런데도 연사는 눈치 없이 연설을 계속했고, 청중은 더욱 끓어올랐다. 고함과 욕설이 난무했고, 결국 그는 연설을 중단하고 굴욕적인 패잔병이 되어 무대를 내려올 수밖에 없다.

연설은 연설을 듣는 사람의 목적과 방향에 맞아야 한다. 자신의 연설이 그 자리에 모인 청중이 원하는 것과 같은지 아닌지를 미리 생각해본다면 하원의원 같은 수모를 겪지 않아도 될 것이다. 무엇보다도 먼저 청중의 성향과 입장을 잘 파악하고 그에 어울리는 연설을 해야 한다.

연설의 목적에 따라 각기 다른 접근이 필요하고 돌파해야 할 장애물이 있다. 여기서는 먼저 행동을 유발하는 짧은 연설을 중점적으로 살핀다. 이어 정보를 주기 위한 연설, 감동과 확신을 주는 연설, 즐거움을 주는 연설에 대해 말하겠다. 이 세 가지 목적의 연설은 서로 다른 구조를 갖춰야 하고, 꼭 짚고 넘어가야 할 장애물이 있다.

청중의 행동을 유발하는 연설은 문제의 핵심을 찌르는 방식을 선택해야 성공 확률이 높아진다. 그렇다면 청중에게 연설의 주제가 잘 전달되고 청중으로 하여금 실제 행동할 수 있도록 연설 재료를 정리하고 구성하는 방법은 무엇일까?

내 강좌가 전국적인 규모로 확장할 무렵에는 참가자가 너무 많아서 한 사람당 2분 정도밖에 발표시간이 주어지지 않았다. 이런 제한은 재미나 정보를 전달하는 연설에는 별 문제가 없었다. 그렇지만 행동을 유발하기 위한 연설은 이야기가 달랐다. 행동을 유발하는 연설은 서론·본론·결론식의 낡은 스타일, 아리스토텔레스 이래로 답습해온 구성으로는 아무것도 할 수가 없었다. 뭔가 새롭고 독특하며 확실한 방법이 필요했다.

마법의 공식을 적용하라

우리는 시카고와 로스앤젤레스, 뉴욕에서 회합을 가졌다. 강사들은 한 명도 빠짐없이 참석하도록 요구했다. 그중에는 명문대학에 몸담고 있는 교수도 있었고 회사 임원도 있었으며 당시 급부상하던 광고회사 직원도 있었다. 나는 이런 다양한 배경의 엘리트들을 모아 새로운 방법을 모색하기로 했다.

나는 그 과정을 통해 청중을 행동하게 하는 데 더욱 합리적이고 심리학적인 방법을 찾아보고 싶었다. 새로운 시대의 트렌드를 읽고 그 요구를 반영하고 싶었기 때문이다. 그리고 나의 그런 기대는 결코 헛되지 않았다. 우리는 많은 토론 과정을 거쳐서 '마법의 공식'이라는 연설 형태를 고안해 낸 것이다. 우리는 즉시 이 방법을 강의에 도입했으며, 공식적으로 채택하여 오늘날까지도 사용하고 있다.

'마법의 공식'은 특별히 복잡한 이론이 아니다. 간단히 그 원리를 살펴보자.

우선 연설의 첫머리를 실례를 들어 설명하는 것으로 시작한다. 작은 삽화로 전달하고자 하는 요점을 눈에 보이듯이 형상화하는 것이다. 그다음은 말하고자 하는 요점에 대해서 세부적으로 명확하게 하고, 듣는 사람이 어떻게 해주기를 원하는지 분명히 말하는 것이다. 마지막으로는, 그렇게 말하는 동기가 무엇인지 밝히고, 연설자가 원하는 대로 할 때 청중에게 어떤 이익과 유리한 점이 있는지 제시하는 것이다.

이 방법은 오늘날과 같은 스피드 시대에 가장 적절한 방법이라 할 수 있다. 사람들은 하루하루를 무척 바쁘게 살아간다. 자신들에게 하려는 말을 요점을 간추려서 명쾌하게 말해주기를 원한다. 오늘날의 대중은 수많은 간판과 텔레비전 화면, 매스컴이 쏘아 올리는 강력한 메시지, 날마다 접하는 간단명료한 광고 카피에 익숙한 사람들이다. 거기에 동원되는 한마디 한마디는 신중한 고민과 판단 끝에 결정된 것으로서 전혀 군더더기가 없다. 또 그들은 짧은 단어나 압축된 문장을 좋아한다. 따라서 쓸데없이 길게 말할 필요가 없는 것이다.

그렇다면 당신이 '마법의 공식'을 사용함으로써 무슨 이익을 얻을 수 있는지 좀 더 구체적으로 살펴보자.

무엇보다도 먼저 청중의 주의를 끌어들임으로써 당신이 하고자 하는 연설의 요점을 명확하게 해준다. 이 공식은 짤막한 연설을 준비할 때 매우 효과적인데, 청중에게 긴장감을 주기 때문이다. 긴장감은 청중에게 무엇인가를 요구하고 그것을 달성하는 데 효과가 있다.

그러기 위해서는 시작할 때, "오늘 연설에 대해 제대로 준비할 시간이 없었습니다."라거나, "의장님이 이 문제에 대해 얘기해달라고 하셨을 때, 왜 하필 나일까 하고 망설였습니다." 따위의 하나 마나 한 말은 하지 말아야 한다. 청중은 그것의 사실 여부를 떠나서 사과나 변명은 듣고 싶어 하지 않는다. 청중은 활기차고 직설적인 화법을 원한다. '마법의 공식'에 따라 첫 문장부터 곧장 청중의 마음속으로 뛰어들어야 한다. 그래서 '마법의 공식'은 특히 짧은 이야기에 이상적이다.

청중에게 어떤 요구사항이 있을 때, 어떻게 해야 성공할 수 있을까? 어떤 명분을 내걸고 청중의 지갑을 열게 하려는 연사가, "제가 이곳에 온 것은 여러분들로부터 5달러씩 기부를 받기 위해섭니다."라는 식으로 말해서는 아무런 성과도 거둘 수 없다. 연설자가 병원에서 목격한 구체적인 장면, 즉 당장 수술이 필요한 아이가 있는데 가난해서 수술을 못 받고 있다는 안타까운 사연을 이야기하고 나서 기부를 호소한다면 청중의 지지를 받을 가능성이 한층 높아진다. 당신이 청중의 행동을 유발하고 싶다면 처음부터 곧장 구체적인 사례를 들어야 한다.

그 실례로서 리랜리 스토가 기부금 모금을 위해 '아이들을 위한 UN의 호소'라는 프로그램을 통해 연설한 내용을 살펴보자.

제 일생에 다시는 그런 일이 일어나지 않게 해달라고 기도합니다. 죽어가는 아이들에게 땅콩 한 알밖에 줄 수 없는 것보다 더 끔찍한 일이 있을까요? 지난겨울 폭격으로 폐허가 된 아테네의 노동자 주거단지에서 있었던 일을 만약 여러분이 보았더라면…… 그때 제가 가진 것이라곤 220그램짜리 땅콩 통조림밖에 없었습니다. 뚜껑을 열기도 전에 누더기 차림의 어린아이 수십 명이 손을 벌리며 다가왔습니다. 갓난아이를 안은 어머니가 필사적으로 제게 다가와서 바싹 마른 자식에게 땅콩 한 알을 먹여달라고 애원했지요. 저

는 땅콩 한 알 한 알을 될 수 있는 한 많은 아이들에게 나눠주려고
애썼습니다.

그들이 얼마나 필사적이었는지 전 하마터면 바닥에 넘어질 뻔
했습니다. 나의 눈에는 앙상한 손들만 보였습니다. 애걸하는 손, 필
사적인 손, 절망하는 손, 하나같이 말라비틀어져 핏기가 없는 손들
이었습니다. 나는 그 손들마다 한 알, 또 한 알…… 땅콩은 점점 줄
어들었고, 때마침 땅콩 몇 알이 바닥에 떨어지자 아이들이 미친 듯
이 내 발 밑을 더듬었습니다. 가엾은 말라깽이 몸들이 아수라장으
로 뒤엉켰습니다.

땅콩 한 알을 얻기 위해 뻗쳐오던 그 수많은 손들, 마침내 땅콩이
떨어지자 수백 개의 작은 눈에서 희미하던 희망의 불씨마저 꺼져갔
습니다. 저는 텅 빈 깡통을 들고 그저 멍하게 서 있을 뿐이었습니다.
저는 제발 여러분의 눈앞에서는 그런 비참한 광경이 일어나지 않기
만을 기도할 뿐입니다…….

'마법의 공식'은 업무적인 문서를 쓰거나 부하직원에게 지시를 내릴 때
도 유용하다. 또 어머니가 아이한테 심부름을 시키거나, 아이가 부모님에
게 뭔가 떼를 쓰고 싶을 때도 사용할 수 있다. 일상에서 다른 사람에게 당
신의 생각을 이해시키는 심리적인 도구로 활용할 수 있는 것이다.

'마법의 공식'은 광고에도 널리 이용되고 있다.

에버레디 배터리 회사는 최근 이 공식에 의한 연속광고를 텔레비전에 내보내고 있다. 아나운서가 한밤중에 사고로 전복한 승용차에 갇혀 있던 사람의 체험담을 이야기한다. 사고의 경위를 그래프까지 동원하여 설명한 다음, 피해자에게 에버레디 배터리로 불을 켠 손전등이 어떻게 도움이 되었는가를 말하게 한다. 그러고는 "에버레디 배터리를 사용하십시오. 그러면 당신도 불의의 사고로부터 무사히 벗어날 수 있습니다."라는 멘트로 마무리한다.

경험을 예로 들어라

심리학자들은 인간이 두 가지 방법으로 배운다고 말한다. 하나는 경험의 법칙으로, 비슷비슷한 사건을 여러 번 반복해서 겪는 동안 행동양식이 바뀌는 것을 말한다. 두 번째는 효과의 법칙이다. 한 가지 놀라운 사건을 통해서 행동에 변화가 생기는 것이다. 한 사건을 통해 받은 인상이 너무 커서 그것만으로도 행동에 어떤 변화가 일어나는 것을 말한다.

우리 모두는 이런 특별한 경험을 한 적이 있을 것이다. 이런 실례를 찾으려 멀리 헤맬 필요도 없다. 왜냐하면 우리 기억의 표면 가까이에 존재하기 때문이다.

당신이 어떤 특별한 사건을 경험했다면 그것을 비디오테이프에 녹화하듯이 다시 한 번 재현할 필요가 있다. 사람들은 그 경험을 통해 무언가를 배우거나 깨달을 수 있기 때문이다. 당신이 경험을 통해 느끼거나 배운 것들을 청중에게 전달하고 싶다면, 그들이 흥미를 느끼고 크게 감동할 만한 사건을 선택해야 한다. 즉 첫인상이 선명하고 강렬하여 극적인 효과를 거둘 수 있는 것을 선택하는 것이다.

여기서, 당신의 실례를 의미심장한 것으로 만들 수 있는 몇 가지를 제시해보겠다.

실제 경험을 사례로 든다

어느 날 무심코 들은 어떤 사건이 당신의 인생에 극적인 충격을 안겨주었다고 가정해보자. 그 사건이 불과 몇 초 사이에 벌어졌다 하더라도 당신이 간접 체험한 충격적인 사건으로 오래도록 기억에 남을 것이다.

얼마 전 한 수강생이 전복한 보트에서 필사적으로 헤엄쳐 나온 이야기를 들려주었다. 그는 하필 보트가 호수 한가운데서 전복하는 바람에 익사할지도 모른다는 두려움에 정신없이 두 팔을 휘젓기만 했다고 했다. 그는 당시의 일이 떠오르는지 몸을 부르르 떨기까지 했다. 나는 그 이야기를 들은 사람들이 한 가지는 분명하게 배웠으리라 생각한다. 자신도 그런 상황에 빠진다면, 경험자의 충고대로 누군가 구조하러 나타날 때까지는 뒤집힌 보트에서 함부로 떨어지지 않으리라는.

어떤 사람은 마당의 전동 잔디깎이가 뒤집히는 바람에 아이가 다칠 뻔했던 일을 이야기했다. 그 이야기는 내게도 강한 인상을 남겨서 그 후로는 아이들이 잔디깎이 근처에도 못 가게 한다.

또 우리 강사들도 자기가 맡은 클래스에서 들은 사건에 영향을 받고 자기 집에서 비슷한 사고가 일어나는 것을 미연에 방지한 경우가 적잖다. 예를 들어 취사 중에 있었던 화재사건을 선명하게 재현한 이야기를 들은 강사는 부엌에 소화기를 갖추게 된다. 또 아이가 한 손에 위험한 약품이 든 병을 들고 욕실 바닥에 넘어져 있는 모습을 발견한 주부의 가슴 철렁한 사연을 듣고는, 살충제 병마다 경고 표시를 붙여서 아이 손에 닿지 않는 곳으로 치워버리게 된다.

이처럼 자신이 직접 경험한 일을 이야기함으로써 다른 사람에게 큰 교훈을 줄 수 있다. 이것은 청중을 설득하는 연설을 할 때 꼭 필요하다. 연설자는 이런 실례를 들어서 청중을 각성시키고 행동하게 할 수 있다. 어떤 일이 당신에게 일어났다면 청중에게도 똑같이 일어날 수 있으므로 당신의 충고가 도움이 되는 것이다.

구체적으로 묘사한다

연설의 서두를 실례와 구체적인 묘사로 시작하는 것은 청중의 주의력을 빠르게 집중하기 위해서다.

연사가 주의를 끌지 못하는 것은 어디선가 들은 것 같은 말을 하거나, 청중이 관심도 없는 말에 불쑥불쑥 사과 투의 말을 남발하기 때문일 것이다. "저는 워낙 사람들 앞에서 말하는 것이 서툴러서⋯⋯." 이런 식의 상투적인 방법으로는 주목을 끌기 힘들다.

연설의 주제를 선택하게 된 경위를 시시콜콜 설명한다든가, 준비가 부족하다는 변명을 늘어놓거나(고백하지 않아도 청중은 즉시 알아차린다), 주제나 논점을 마치 목사가 설교하듯이 이야기하는 것은 반드시 피해야 한다.

잘나가는 유명 잡지나 신문기사에서 힌트를 얻어라. 당신이 경험했던 사례를 들며 곧바로 시작하는 것이 청중의 관심을 붙잡는 비결이다.

여기, 자석처럼 청중의 주의를 불러일으켰던 시작 문장을 살펴보자.

"1942년의 어느 날, 문득 눈을 떠보니 병원 응급실 간이침대였습니다."

"어제 아침식사 때 아내가 커피를 한잔 따라주면서……."

"작년 7월, 전 42번 고속도로를 빠른 속도로 달리고 있었습니다."

"갑자기 사무실 문이 열리고 부장인 번스가 뛰어 들어왔습니다."

"호수 한가운데서 낚시를 즐기고 있는데 갑자기 모터보트 한 대가 내 쪽으로 돌진해왔습니다."

당신이 연설할 때 '누가, 언제, 어디서, 무엇을, 어떻게, 왜'라는 질문에 답이 되는 형태로 시작하는 것은, 세상에서 가장 오래된 의사소통 장치인 '이야기 형식'을 차용하는 것이다. 아이들에게 "옛날옛날에……."는 호기심의 문을 열어젖히는 주문이 아니던가?

첫마디를 이렇게 흥미롭게 시작한다면 청중의 이목을 집중시키는 것이 쉽다.

필요한 부분을 세밀하게 묘사한다

실례를 들 때는 꼭 필요한 부분만 세밀하게 묘사한다. 뭔가를 자세히 묘사하는 것 자체가 흥미로운 것은 아니다. 가구와 잡동사니가 어수선한 방이 보기 좋을 리 없다. 중요하지도 않은 것을 나열하면 요점을 흐리고 주의력을 분산시킨다. 주제를 강조하는 데 꼭 필요한 것만 자세히 묘사해야 한다.

예를 들어 장거리여행 전에는 차를 점검해야 한다는 점을 말하고 싶을 때는, 당신이 출발하기 전에 차를 점검하지 못해서 어떤 일을 겪었는지 자세히 설명해야 한다. 창밖 풍경이 아름다웠다든지 목적지에 도착해서 숙소를 어디로 정했다든지 얘기하는 것은 요점을 흐리고 주의를 산만하게 할 뿐이다.

구체적이고 눈에 생생한 언어로 적절한 사례를 들면 그 사건이 마치 그 자리에서 일어난 것처럼 재창조되어 청중은 실감하게 된다. 그냥 부주의해서 사고가 있었다는 식으로 말하면 재미도 없고 아무런 경각심도 줄 수 없다. 그러나 혼쭐난 경험을 감각적인 언어를 동원하여 그림을 그리듯이 생동감 있게 묘사한다면 청중의 인식 속에 뚜렷이 각인될 것이다.

다음은 한 수강생이 들려준 이야기다.

1949년 크리스마스를 며칠 앞둔 어느 날 아침이었습니다. 나는 인디애나주의 41번 고속도로를 타고 북쪽으로 달리고 있었습니다.

차에는 아내와 두 아이가 함께 타고 있었고요. 출발하고 몇 시간 동안 빙판이 된 도로 위를 엉금엉금 기었습니다. 핸들을 조금만 잘못 틀어도 차의 뒤꽁무니가 기분 나쁘게 옆으로 미끄러졌습니다. 차의 속도와 비례해 시간도 더디 가는 것처럼 느껴졌지요.

갑자기 얼음이 녹은 넓은 도로가 나왔습니다. 나는 한참 뒤처진 시간을 만회하고 싶은 마음에 힘껏 액셀을 밟았습니다. 똑같이 엉금엉금 기던 다른 차들도 마찬가지였습니다. 마치 시카고에 먼저 도착하기 시합이라도 하듯 속도를 내기 시작했습니다. 긴장감이 풀렸는지 뒷좌석에 앉은 아이들도 노래를 부르더군요.

한 5마일쯤 달렸을까? 도로가 오르막길로 변하더니 산림지대로 이어졌습니다. 차는 언덕을 치고 올라갈 때까지 속도를 내고 있었고요. 고갯마루에서 전방을 보았을 때 가슴이 철렁 내려앉았습니다. 북쪽 내리막길은 응달이어서 빙판길이 그대로 남아 있었습니다. 앞서 달리던 두 대의 차가 언덕 아래로 곤두박질치는 광경이 눈에 들어오는 찰나, 미처 속도를 줄이지 못한 우리 차도 사정없이 미끄러져서 눈구덩이 속에 처박혀버렸습니다. 바싹 뒤따르던 차도 미끄러지면서 우리 차 옆구리를 들이받았고, 우리 식구는 쏟아지는 차창의 유리 파편을 뒤집어썼습니다.

수강생은 자신의 경험담을 들려주면서 사건에 대한 세부적인 묘사를 매우 적절하게 구사했다. 그래서 청중은 마치 자신들도 그 현장에 있었던 것처럼 실감할 수 있었다. 당신도 이렇게 자신이 본 것을 청중에게 보여주고, 들은 것을 듣게 하고, 느낀 것을 느끼게 할 수 있는 능력을 키워야 한다. 이런 효과를 얻으려면 세밀한 묘사를 많이 구사해봐야 한다.

앞에서도 언급했듯이, 연설을 준비하는 것은 '누가, 언제, 어디서, 무엇을, 어떻게, 왜'라는 질문에 대한 답을 상기시키는 과정이다. 당신은 '말로 그린 그림'으로 청중의 상상력을 자극해야 한다.

이야기를 각인시킨다

연설자는 자신의 경험을 말할 때 그림을 그리듯이 생생하게 묘사하면서 그 내용을 다시 체험해야 한다. 이 부분은 마치 연극과 비슷해 보인다. 즉 극적인 효과를 노리는 배우처럼 몸짓과 말투를 다소 과장해서 표현하는 것이다. 그러면 당신의 이야기를 청중의 마음속에 오랫동안 각인시킬 수 있다.

위대한 연설가는 모두 극적으로 묘사하는 감각을 갖고 있었다. 이런 감각은 특출한 사람만 갖고 있는 것도 아니고 유창한 달변가만 갖고 있는 재능도 아니다. 대부분의 아이들이 이런 재능을 갖고 있다. 우리 주위에도 팬터마임에 재능 있는 사람이 있고, 얼굴 표정이나 몸짓을 과장해서 표현하는 데 뛰어난 사람들이 많다. 누구나 조금만 집중해서 노력한다면 이런 능력을 키울 수 있다.

또 실제 있었던 일을 예로 들어 이야기하는 동안 행동과 흥분을 곁들이면 청중은 더욱 강한 인상을 받는다. 아무리 세밀한 묘사라도 연설자가 열정적으로 재현하지 않으면 효과는 반감된다. 불에 대해 묘사하려면 화재 현장의 소방관처럼 화마와 사투를 벌이듯이 긴장감 있게 묘사해야 한다. 이웃과 싸웠던 일을 묘사하려면 눈앞에서 치고받는 것처럼 묘사하라. 물 속에 빠져 허우적거리던 일을 말하고 싶은가? 청중이 절망감을 느낄 정도로 처절하게 묘사하라. 이 모든 것이 청중의 마음에 당신의 연설을 각인시키기 위해서다. 청중은 당신의 연설과 그 연설을 통해 전달하는 교훈을 잊지 못할 것이다.

사람들이 조지 워싱턴의 정직성을 기억하는 것은 위인전에서 본 벚나무 사건이 재미있고 인상적이기 때문이다. 또 《신약성경》도 '착한 사마리아인'처럼 마음에 호소하는 이야기가 풍부해서 읽는 이들을 더욱 감명 깊게 한다.

이야기의 요점을 말하라

이야기의 주제, 요점을 말하는 단계다. 청중이 어떻게 행동해주었으면 좋겠는지 바라는 바를 짧은 말로 표현하는 것이다.

행동을 유발하기 위한 연설에서 실례를 드는 과정은 전체 연설의 4분의 3 분량에 해당한다. 남은 4분의 1에 청중에게 원하는 것과 그것으로 얻게 되는 이득을 납득시켜야 한다. 이 대목은 구구절절 설명할 필요가 없다. 짧고 구체적으로 말해야 한다. 신문기사가 맨 위에 제목을 뽑고 그 밑에 내용을 싣는 것과는 반대라 할 수 있다.

사람은 대부분 명백한 사실이 아니면 자기 생각을 바꾸지 않고 이해하지 않으려는 속성을 갖고 있다. 따라서 당신이 청중에게 행동하기를 원하는 것이 있다면 더욱 분명하게 말해야 한다. 이럴 때는 마치 전보 내용을 적듯이 간략하게 요약해보는 것도 좋은 방법이다.

행동을 요구할 때도 모호한 것보다 눈으로 볼 수 있는 분명한 행동을 요구하는 것이 좋다. "우리 지역 고아원에서 고통받는 어린 천사들에게 구원의 손길을!" 따위처럼 말해서는 안 된다. 너무 추상적이다. 그보다는 "이번 주말에 25명의 아이들을 놀이공원에 데려가기 위해 기부해주십시오."라고 뚜렷한 행동을 요구해야 한다. 또 "가끔씩 조부모님에 대해서도 생각해보십시오."라고 하기보다는, "이번 주말에는 할아버지를 찾아뵙시다."가 낫다. "나라를 사랑하십시오."보다는 "다음 주 화요일에는 꼭 투표합시다."라고 말한다.

어떤 문제든 청중이 이해하기 쉽고 행동하기 쉽게 말해주는 것이 연설자의 책무다. 연설자의 이런 노력은 청중의 이해를 돕고 행동하기 쉽게 만든다.

청중을 쉽게 이해시키는 가장 좋은 방법은 정확하게 말하는 것이다. 만일 당신이 청중에게 다른 사람의 이름을 기억하게 하고 싶다면, "지금부터 이름을 잘 기억해주십시오."라고 말해서는 아무 효과가 없다. 오히려 "앞으로 어떤 사람을 만나면 5분 안에 그 사람의 이름을 다섯 번 이상 반복해서 부를 기회를 만들어보십시오."라고 말하는 것이 훨씬 더 설득력 있다. 이렇게 자세한 행동을 말하는 연설자는 일반론에 의지하는 연사들보다 청중에게 훨씬 더 동기를 부여한다.

요점을 긍정적으로 말할지(무엇을 하도록), 부정적으로 말할지(무엇을 하지 않도록)는 그때그때 상황에 맞게 결정해야 한다. 보통은 긍정적으로 말해야 하지만, 때로는 부정형의 말이 훨씬 더 설득력을 발휘하기도 한다. 수년 전에 한 전구회사에서 전구를 많이 팔기 위해 고안해낸 광고 카피는 '전구 도둑이 되지 말자'라는 부정형이었다.

요점은 연설의 전체적인 주제를 말하는 것이다. 그러므로 보다 확신에 찬 어조로 힘 있게 강조해야 한다. 신문기사의 제목을 고딕체로 크게 뽑듯이 실천을 위한 요구를 힘차고 정확하게 강조해야 한다. 청중에게 최후의 감동을 안겨주려는 순간에 절대 머뭇거리거나 목소리에 힘을 잃어서는 안 된다.

청중에게 이익을 제시하라

이 단계도 간결성과 압축하는 능력이 필요하다. 청중이 당신이 요청한 것을 실행에 옮길 때 얻을 수 있는 보상이나 이득을 분명히 제시해야 하는 것이다.

대중연설을 할 때 청중의 참여를 유도하는 방법을 언급한 책은 수없이 많다. 그것은 광범위한 주제이고, 도움을 원하는 이들에게 여러모로 유용할 수도 있다. 그러나 어떤 것이든 실례에 바탕을 두고 말해야 하며, 청중이 당신이 원하는 대로 행동했을 경우 얻게 되는 이익을 한두 마디의 짧은 말로 압축해야 한다.

대부분의 세일즈맨은 그 제품을 구입하면 무엇이 좋은지 대여섯 가지씩 말한다. 당신도 연설하면서 요점을 제시하는 이유를 몇 가지씩 언급할 수 있다. 그러나 이것은 아주 좋은 방법은 아니라고 할 수 있다. 가장 큰 이익을 말하거나 특별히 어느 한 가지만 선택해서 강조하는 편이 낫다.

청중에게 마지막으로 해주는 말은 인기 있는 광고 카피처럼 단순하고 명쾌할 필요가 있는 것이다. 따라서 다양한 광고 카피를 연구해보면 연설 내용의 요점을 정리하고 청중에게 이익을 어필하는 능력을 향상시킬 수 있을 것이다.

뭐든 대부분의 광고는 하나의 제품, 하나의 아이디어만을 홍보한다. 발행부수가 많은 잡지들도 한 가지 이상의 이유를 대며 광고하지는 않는다. 동일한 회사가 제품을 홍보할 때 매체에 따라 광고방식을 바꿀 수는 있다. 그렇지만 소리로든 영상으로든 동시에 다른 내용을 광고하는 경우는 드물다.

잡지나 신문, 텔레비전의 광고를 분석해보면 소비자들에게 제품을 사도록 설득하는 데 '마법의 공식'이 얼마나 자주 사용되는지 새삼 놀라게 된다. 그리고 그것이 광고 전체를 한 묶음으로 묶는 띠라는 사실도 알게 될 것이다. 실례를 드는 방법도 여러 가지가 있다. 설명하고, 입증하고, 인용하고, 비교하고, 통계를 대는 식으로 말이다. 이 부분은 뒤에서 좀 더 자세하게 다룰 것이다.

제8장
지식과 정보를
제공하는 연설

당신도 때로 듣는 사람을 난처하게 할 정도로 엉뚱한 말을 하는 사람을 본 적이 있을 것이다. 내가 아는 사람은 정부의 고위관료였는데, 자신이 무슨 얘기를 하는지도 모르면서 끝없이 떠들어댔다. 듣는 사람들은 말에 맥락이 없고 요점도 없어서 당혹해했고 분위기도 어수선했다. 바로 그때 노스캐롤라이나주의 새뮤얼 제임스 어빈 주니어 상원의원이 발언 기회를 얻었다.

그는 방금 전 관료의 말을 듣다가 노스캐롤라이나주에 사는 어떤 남자를 떠올리게 되었다고 말했다. 그 남자가 자기 변호사를 찾아와서 아내와 이혼하고 싶다고 말했다. 이야기를 들어보니, 그 부인은 아름답고 음식솜씨도 좋았으며 가정주부로서도 모범적이었다. 변호사가 물었다.

"그런데 왜 그 훌륭한 부인과 이혼하려고 하십니까?"

남자가 말했다.

"한번 지껄이기 시작하면 끝이 없습니다."

"주로 무슨 이야기를 합니까?"

"바로 그것이 문제입니다."

"……?"

남자가 말했다.

"무슨 이야기를 하고 있는지 도무지 알 수가 없단 말입니다."

내 생각에, 정도 차가 있지만 이런 문제를 가지고 있는 연설자가 의외로 많다. 청중은 그런 사람의 말을 도저히 알아듣지 못한다.

앞에서는 청중의 행동을 유발하는 짧은 연설에 대해 말했다. 이번에는 청중에게 지식이나 정보를 전달할 때 그 의도를 명확히 할 수 있는 방법을 설명하겠다.

우리는 일상에서 정보를 전달하는 말을 많이 한다. 어떤 일을 지시하거나 지도하기도 하고, 보고나 설명을 하기도 한다. 청중이 듣는 연설 중에서 정보를 주는 연설은 설득과 행동을 일으키는 연설 다음으로 많이 듣는 연설이다.

다른 사람들에게 행동을 촉구하는 능력보다 전제돼야 하는 것이 명확하게 이야기하는 능력이다. 산업계의 거물인 오언 D. 영은 명확한 표현의 필요성에 대해 이렇게 강조했다.

"남이 자신을 이해하게 만드는 능력을 키우는 것은 자신의 효용성을 높이는 것이다. 아주 사소한 분야에서도 상호 협조가 절실한 현대사회에서 서로를 이해한다는 것은 필수불가결한 덕목이다. 이때 언어는 이해를 전달하는 중요한 수단이므로 명확하게 구사할 수 있어야 한다."

한 번에 너무 많은 것을 말하지 말라

윌리엄 제임스 교수가 제자 교수들을 대상으로 강의하던 중 잠깐 휴식을 선언하면서 말했다.

"나는 한 번의 강의에서는 오직 한 가지 요점만을 말할 수 있습니다."

이때 그가 말한 한 번의 강의란 한 시간을 말한 것이었다.

반면, 최근에 내가 만난 어떤 강사는 3분의 제한시간 안에 열한 가지를 말할 수 있다고 장담했다. 그 말이 맞는다면 한 가지 주제에 대해서 겨우 16.5초밖에 안 쓰는 셈이었다. 정말 놀랍지 않은가? 상식적인 인간이라면 누가 이런 바보짓을 하겠는가? 물론 이것은 매우 극단적인 사례지만, 신출내기 연사들은 수시로 이런 실수를 저지른다. 그런 사람은 프랑스 파리라는 도시를 단 하루 만에 보여줄 수 있다고 큰소리치는 여행 가이드와 같다.

실례로 미국 자연사박물관을 30분 안에 둘러본다고 생각해보자. 주마

간산 격으로 둘러볼 수는 있겠지만, 그렇게 해서 무슨 소용이 있겠는가? 제대로 관람할 수도 없을뿐더러 아무런 인상도 받지 못할 것이다.

연설자들이 자신의 의도를 똑바로 전달하지 못하는 이유 가운데 하나가 한 번에 너무 많은 것을 다루려고 하기 때문이다. 그들은 마치 주어진 시간 안에 얼마나 더 많은 주제를 다룰 수 있는지 서로 기록갱신을 벌이는 듯하다. 마치 염소가 바위 사이를 뛰어다니듯이 이 말 했다가 저 말 했다가 바쁘기만 할 뿐이다.

당신이 노동조합원들을 대상으로 연설할 때 주어지는 시간은 기껏해야 3분에서 5분 정도다. 그 시간에 노동조합의 기원과 그들의 회합방식, 과거 어떤 성과를 냈고 실패한 점은 무엇인지, 당면한 노동쟁의를 어떤 식으로 풀어야 하는지를 다 설명하려고 해서는 안 된다. 그런 식의 연설로는 당신의 말을 제대로 알아들을 사람이 아무도 없다. 그저 혼란스럽기만 하고 너무 개괄적이어서 수박 겉핥기식이 되어버린다. 이럴 땐 차라리 조합의 한 가지 면만 적절한 예를 들어가며 이야기하는 것이 훨씬 집중할 수 있고 불필요한 에너지 낭비를 줄일 수 있다. 차분한 태도로 알아듣기 쉽게 이야기해야 기억하기도 쉬운 법이다.

한번은 내가 평소 알고 지내던 회사를 방문했다.

그런데 그날따라 이상하게도 회장실 문에 낯선 이름이 붙어 있었다. 한 번도 들어본 적이 없는 이름이었다. 내가 의아해하자 그 회사 인사부장으로 있는 내 친구가 말해주었다.

"이름이 주인 따라 가버렸네."

"이름이 어쨌다는 거야? 그분이 존스 가문을 대표해서 회사를 운영하지 않았나?"

그 친구가 말했다.

"닉네임 말일세. 그분의 별명이 '어디 가셨나'였거든."

"……?"

"다들 그를 '어디 가셨나' 존스 회장님이라고 불렀지. 도무지 한곳에 오래 붙어 있지를 않았거든. 그래서 존스 가문에서 그 사람 대신 사촌을 그 자리에 앉히기로 결정했지. 존스 회장은 회사 돌아가는 일에는 도무지 관심이 없었거든. 물론 출근해서 근무시간을 채우기는 했지. 그런데 무얼 하고 돌아다녔는지 아나? 이리 기웃 저리 기웃하면서 온갖 데를 다 돌아다녔지. 마치 하루 보행거리를 갱신하려는 듯이 말이야.

그분은 회사 경영이나 매출에 신경 쓰기보다는 발송계가 불필요한 전등을 껐는지, 타이피스트가 압핀을 떨어뜨리지는 않았는지 살피는 것이 더 중요하다고 생각했지. 정작 사무실에서는 얼굴을 볼 수 없었고. 그래서 그분 별명이 '어디 가셨나'였다네. 이젠 회사에서도 쫓겨났으니 지금쯤은 과연 '어디 가셨나……?"

나는 '어디 가셨나 존스'의 이야기에서, 훨씬 잘할 수 있음에도 사방팔방 헤매는 많은 연사들을 떠올렸다. 그들은 더 잘할 수 있음에도 자신을 체계적으로 만들지 못해서 그러지 못하고 있다. 그들은 존스 씨처럼 한꺼번에 너무 많은 것을 얘기하려고 한다.

　더러는 경험이 풍부한 연설자도 이런 실수를 저지른다. 아마도 여러 측면으로 잘해보겠다는 의욕이 넘쳐서 노력을 분산시키는 위험에 빠지는 것 같다. 부디 당신은 그런 실수를 범하지 않기를 바란다.

내용을 순서대로 배열한다

　당신이 연설하려는 모든 주제는 시간과 공간, 논리적 순서에 따라 전개해나갈 수 있다. 예를 들어 시간 순서에 따라 배열하면 과거·현재·미래가 될 것이고, 어느 특정 날짜로부터 시작해서 그 앞뒤로 전개할 수도 있다. 또 제조 공정에 관한 이야기라면, 재료의 단계에서 시작해 여러 가공 과정을 거쳐 완성품을 만들어내는 순서로 진행하면 된다. 물론 어느 부분을 강조하고 얼마나 구체적으로 다룰지는 적당히 배분하면 된다.

　만일 공간 순서에 따라 배열한다면, 어느 중심부에서 시작해 바깥으로 확장하거나 동서남북 방위를 따라 전개할 수도 있을 것이다. 실례로 워싱턴을 묘사한다면, 청중의 시각을 국회의사당 건물 꼭대기로 안내해서 각 방향으로 흥미로운 곳을 가리키며 설명하면 된다. 또 제트엔진이나 자동차를 설명할 때는 각 부속별로 나누어 설명하는 것도 좋을 것이다.

　주제들 중에는 처음부터 주어진 순서가 있는 경우가 있다. 예를 들어 미합중국 정부의 구조를 설명하고자 할 때 정부 고유의 형태를 따라 입법, 행정, 사법 순서로 진행하는 것이 청중 입장에서도 좋을 것이다.

연설 내용을 질서정연하게 하는 간단한 방법으로, 한 가지 요점을 확실하게 마무리하고 나서 다음으로 넘어가는 방식이 있다. 먼저 언급한 것에 대해 "첫째 요점은……'이라고 정리해서 결론을 내린다. 그런 다음에 두 번째 이야기로 넘어간다. 이렇게 하면 청중은 한결 체계적으로 당신의 이야기를 따라올 수 있다.

UN 사무총장 정책보좌를 지낸 랠프 존슨 번치 박사는 뉴욕 로체스터 시티 클럽에서 주최한 모임에서 이 방법으로 연설을 시작했다.

"저는 오늘 저녁에 '인간관계의 과제'라는 주제에 대해 두 가지 측면에서 살펴보고자 합니다. 먼저 첫 번째로……."

그러고는 간단한 설명을 덧붙인 다음 계속했다.

"두 번째로……."

그는 이렇게 연설하는 내내 자신이 하려는 말을 한 가지 한 가지씩 언급하고 정리하면서, 마지막 결론에 이르기까지 자신의 견해가 확실히 전달되도록 신경을 썼다.

"따라서 우리는 인간이 잠재적으로 선을 지향하는 마음을 가지고 있다는 믿음을 결코 저버려서는 안 됩니다."

이런 방법은 경제학자가 연설할 때도 매우 효과적이다. 경제학자인 폴

H. 더글러스의 사례를 살펴보자. 그는 불황을 겪고 있는 산업분야의 부흥정책을 토론하는 상하원 협동위원회에서 이 방법을 활용하여 큰 성과를 올렸다.

"제 주장의 핵심은, 가장 빠르고 효과적인 방법으로 저소득층과 중간계층의 세금을 감면해야 한다는 것입니다. 이 두 계층은 소득의 대부분을 소비로 지출하여 내수를 살리고……."

그런 다음에 계속해서 논점 하나하나를 열거하면서 의원들의 이해를 도왔다.

"특히 이 대목은……."

"다시 한 번 부탁드리는데……."

"덧붙이자면……."

"여기에는 세 가지 중요한 이유가 있습니다. 첫째는……, 둘째는……, 셋째는……."

그러고는 마침내 결론을 내렸다.

"결론적으로, 하루빨리 세금 감면정책을 펼쳐야만 저소득층과 중간계층의 구매력이 커져서 경제에 활력이 돌게 할 수 있다는 것입니다."

낯선 것을 익숙한 것에 비유한다

연설을 준비할 때 어떤 개념에 대해 이야기하려 해도 그 개념을 어떻게 설명해야 할지 막막할 때가 있을 것이다. 당신에게는 쉬운 문제지만, 청중에게 말하려고 하면 장황하게 설명할 수밖에 없는 그런 개념 말이다. 이럴 때는 그것을 청중이 이해하기 쉬운 어떤 것에 비교해서 설명하는 것이 좋다.

예를 들어, 화학현상의 하나인 촉매가 산업에 미치는 영향에 대해 이야기한다고 하자. 촉매 그 자체는 아무 변화가 없으면서 다른 물질의 변화를 돕는 물질이다. 개념은 단순하지만 말로 풀어 설명하기가 모호하다. 이럴 때 비유를 통해 좀 더 이해하기 쉽게 설명하는 것이다.

"학교 운동장에 동급생들을 밀치고 때리고 괴롭히는 꼬마 녀석이 있는데, 정작 녀석은 코피 한 방울 흘리는 법이 없습니다. 촉매란 바로 이 꼬마 녀석 같은 것입니다."

이와 관련해서는 아프리카로 선교활동을 떠났던 선교사들의 사례가 더 쉬울지도 모르겠다.

선교사들은 한 부족의 언어로 성경을 번역하면서 문구를 원주민들에게 익숙한 말로 고치기로 했다. 그런데 문자 그대로 직역할 수가 없었다. 그러면 어떤 단어들은 원주민에게 아무 뜻도 없는 말이 돼버렸기 때문이다.

"너의 죄가 피같이 붉을지라도 눈[雪]처럼 희어지리라."

성경의 이 구절을 그대로 번역하면 어떻게 될까? 적도 아프리카 원주민들은 정글에 낀 이끼는 알아도 눈이 뭔지 한 번도 본 적이 없었다.

선교사들은 그들의 생활을 유심히 관찰했다. 그래서 그들이 주식으로

먹는 코코넛 열매의 속이 눈처럼 희다는 것을 발견했다. 선교사들은 그들에게 미지의 것을 그들이 아는 것과 결부시켜서, 성경 구절을 이렇게 바꾸어 번역했다.

"너희 죄가 피같이 붉을지라도 마치 코코넛 열매의 속살처럼 하얘지리라."

시각적으로 표현한다

지구에서 달까지의 거리가 얼마나 될까? 태양까지는? 가장 가까운 별까지는?

과학자들은 우주에 관한 수수께끼를 수학적으로 접근해 풀려고 한다. 그러나 그것을 일반대중에게 숫자로 설명하는 것이 효과적이지 않다는 것을 과학 강사와 작가들은 잘 알고 있다. 그래서 그들은 수치 대신에 도표를 곧잘 활용한다.

천문학자인 제임스 진스 경도 우주를 탐험하고자 하는 인류의 갈망에 관심이 있었다. 그는 과학계의 전문가로서 수학에도 통달했지만, 저술이나 연설 중간에 도표와 삽화를 끼워 넣는다면 더욱 효과적이라는 사실도 알고 있었다. 그는 《우리를 둘러싼 우주》라는 저서에서, 태양계의 태양과 주변을 도는 행성은 꽤 가깝기 때문에 우주를 형성하고 있는 다른 별들이 얼마나 멀리 떨어져 있는지 잘 실감하지 못한다고 지적했다.

"가장 가까운 행성도 우리와 40조 킬로미터나 떨어져 있습니다."

그는 이 수치를 좀 더 실감나게 표현하기 위해, 사람이 광속(초속 30만 킬로미터)으로 지구를 출발한다고 해도 약 4.3광년 후에야 프록시마 켄타우리라는 항성에 도달한다고 설명했다.

반면, 어떤 연사는 알래스카의 크기를 설명하면서 그 면적이 151만 9000제곱킬로미터나 된다고 말하고는 부연설명을 하지 않았다. 이런 식의 설명으로 미국의 49번째 주의 크기를 상상할 수 있겠는가? 나로서는 전혀 감이 오지 않는다. 나는 다른 경로를 통해 그 크기를 실감나게 표현한 이야기를 듣고 나서야 눈이 확 뜨였다. 알래스카의 면적은 총 151만 9000제곱킬로미터로, 버몬트·뉴햄프셔·메인·매사추세츠·로드아일랜드·코네티컷·뉴욕·뉴저지·펜실베이니아·델라웨어·메릴랜드·웨스트버지니아·노스캐롤라이나·조지아·플로리다·테네시·미시시피주를 모두 합친 것과 같다는 것이다.

어떤가? 전혀 새롭지 않은가?

몇 년 전에 수강생 중 한 명이 간선도로에서 일어나는 끔찍한 교통사고를 설명하면서, 사고로 희생되는 사상자 수를 독특한 방법으로 언급하여 듣는 이들의 등골을 오싹하게 만들었다.

당신이 뉴욕에서 로스앤젤레스를 횡단하는 도로를 달리고 있다고 합시다. 길가에는 도로표지판 대신 관이 서 있고, 그 관마다 작년에 교통사고로 죽은 희생자들이 들어 있다고 상상해보십시오. 당신의 자동차는 이쪽 끝에서 저쪽 끝까지 1.6킬로미터에 12개씩, 5초마다 그 관들을 지나쳐야 하는 것입니다.

그 발표를 듣고 나서 한동안 운전대를 잡았다 하면 그 소름 끼치는 광경이 떠올랐다.

청각으로 느낀 감동은 오래 지속되기 힘들다. 그것은 흩날리는 진눈깨비 물방울이 자작나무의 매끈한 껍질을 타고 흘러내리듯이 아주 잠깐이다. 그러나 시각적인 감동은 전혀 다르다. 2년 전에 나는 다뉴브 강변의 낡은 저택에 박혀 있는 커다란 포탄을 본 일이 있다. 그 포탄은 나폴레옹의 포병부대가 울름 전투에서 쏜 것이다. 시각적인 감동은 이 포탄과 같다. 한순간 끔찍한 충격으로 날아와 박혀서는 깊숙이 안으로 파고든다. 그러고는 꿈쩍도 하지 않는다.

이처럼 어떤 사실을 묘사할 때 시각적으로 설명하면 확실히 큰 효과를 얻을 수 있다.

전문용어는 순화해서 표현한다

만일 당신이 의사나 변호사, 엔지니어 등의 전문직에 종사한다면 그런 직업군과 관련 없는 사람들과 이야기할 때 가급적 이해하기 쉬운 단어와 설명으로 자신의 생각을 표현해야 한다. 내가 본 연설자들 중에도 이 부분을 간과하는 사람들이 많아서, 나도 직업적인 의무감으로 특별히 조심하고 있다.

연설자들은 자신의 직업이 특별하다는 것을 생각지 못하고 일반 청중도 으레 알고 있으려니 하는 것 같다. 그래서 여과 없이 생각나는 대로 말하면서, 의미가 있는 말이라면 마구 내뱉고 보는 것이다. 그러면 청중과 의사소통을 하는 데 장애가 생기면서 도저히 돌이킬 수 없게 되는 것이다. 그렇다면 연사는 이럴 때 어떻게 해야 하는가?

이 대목에서, 인디애나주의 상원의원이었던 베버리지가 쓴 명쾌한 문장을 주의 깊게 읽어보기 바란다.

청중 가운데서 가장 이해력이 부족해 보이는 사람에게 당신의 이야기를 재미있게 듣도록 해보는 것도 좋은 연습이 된다. 이는 물론 당연히 쉽게 이야기하고 그 뜻을 정확하게 전달할 때만 가능한 일이다.

스스로에게 말하라. 청중에게 큰 소리로 선언해도 좋다. 자기 논점을 아이들도 이해하고 공감할 수 있게 아주 쉽게 말하라. 그래서 나중에라도 몇 번이고 당신의 말을 되새김할 수 있게 하겠노라 다짐하라.

강의 수강생이었던 한 외과의사는 횡격막 호흡이 장의 연동운동에 효과가 있어서 건강에 이롭다고 말했다. 그는 그 요점을 말하고 금방 다른 이야기로 넘어가려고 했다. 하지만 이때 강사가 연설을 중지시키고는 듣고 있던 사람들에게 횡격막 호흡이 보통 호흡과 어떻게 다른지, 왜 그 호흡법이 건강에 좋고, 연동운동이 무엇인지 정확히 아는 사람은 손을 들어보라고 했다. 한 사람도 없었고 의사는 크게 당황하는 눈치였다. 그래서 다시 개념을 풀어서 설명했다.

횡격막은 폐의 하부와 복강의 상부에 해당하는, 가슴 아랫부분에 얇은 근육으로 이루어져 있습니다. 이것은 우리가 가슴호흡을 할 때는 그릇을 엎어놓은 것처럼 둥근 활 모양이 됩니다. 그러다가 복식호흡을 하면 이 활처럼 생긴 근육이 거의 평평해질 때까지 펴져서 복부 근육이 벨트를 밀어내는 것같이 됩니다. 그래서 이 횡격막 운동이 위·간·췌장·비장 등의 복강 상부에 있는 기관을 적당히 압박하여 자극을 주게 됩니다. 다시 숨을 내쉬면 복부와 장은 횡격막 쪽으로 밀려올라 다른 장기를 마사지하게 되고, 이 마사지는 배설작용을 도와줍니다.

건강이 좋지 못한 경우 가장 큰 원인은 장에 있습니다. 대부분의 소화불량과 변비, 중독현상은 위와 장을 자극하는 깊은 횡격막 호흡으로 상당히 호전될 수 있습니다.

어떤 것을 설명할 때는 간단한 부분에서 복잡한 쪽으로 풀어나가는 것이 좋다.

가정주부들에게 냉장고의 성에 제거 방법을 설명할 때 다음과 같은 설명은 정말 부적합하다.

"냉각의 원리는 증발기가 냉장고 내부의 열을 끌어내는 데 있습니다. 열이 밖으로 배출할 때 습기가 증발기에 달라붙게 되고, 이 습기가 두껍게 쌓이면서 증발기는 절연작용을 받게 됩니다. 그 때문에 모터가 더 많이 회전하게 되고요."

이것을 가정주부들이 쉽게 이해할 수 있도록 다음과 같이 풀어서 설명하면 어떨까?

"어머님들은 냉장고의 어느 칸에서 고기가 어는지 잘 알고 계시죠? 그리고 그 냉동고에 성에가 어떻게 끼는지도요. 성에는 제거하지 않으면 매일 조금씩 두꺼워집니다. 성에는 침대 위의 담요나 집 지을 때 벽 사이에 넣는 절연재 같은 존재입니다.

냉장고가 고장 없이 잘 돌아가게 하려면 이 성에를 자주 제거해주셔야 합니다. 성에가 두꺼워질수록 냉동고가 더운 공기를 내보내고 실내를 차갑게 유지하는 게 어려워집니다. 냉장고 모터는 내부의 온도를 차갑게 유지하기 위해 더 자주, 더 오래 돌아갑니다. 그러다 보면 모터에 무리가 가겠지요? 이럴 때 자동 성에제거기가 있으면 성에가 두꺼워질 염려는 없습니다."

이 문제에 대해서는 "현인처럼 생각하고 보통 사람처럼 말하라."고 한 아리스토텔레스의 충고가 가장 적절해 보인다.

어쩔 수 없이 전문용어를 써야 한다면 먼저 충분히 설명해줌으로써 청중이 그 뜻을 알 수 있게 해야 한다. 특히 자꾸 되풀이해서 쓸 수밖에 없는 근본원리에 대한 단어는 더욱 그렇다.

언젠가 주식중개인이 금융과 투자에 관한 기본지식을 배우려는 주부들을 대상으로 한 강연을 듣게 되었다. 그는 일상적인 대화에서 쓰는 것처럼 쉬운 단어를 사용했고 주부들이 편안한 느낌이 들게 배려했다. 문제는 주부들이 알아듣지 못하는 경제용어를 사용했다는 점이었다. 어음교환소, 풋옵션, 콜옵션, 차환저당권, 공매도 같은 전문용어를 쓴 것이다.

청중이 이해하지 못할 것 같다고 해서 애써 전문용어를 피할 필요는 없다. 다만 그 용어를 순화해서 설명해야 한다. 그래서 사전이 있는 것이다. 간단한 전문용어를 사용하더라도 부연설명을 해주지 않으면 듣는 이들은 이해할 수 없고, 연설은 실패하게 된다.

광고음악에 대해 말하고 싶은가? 충동구매에 대해서? 특정 교양과목이나 원가계산은 어떤가? 정부의 보조금이나 교통법규를 위반한 자동차에 대해서는? 어느 것이라도 얘기할 수 있다. 다만 그 분야의 전문용어를 당신이 이해하고 있듯이, 듣는 사람한테도 똑같이 이해시켜야만 소통할 수 있다는 점을 잊어서는 안 된다.

시각적인 보조물을 활용한다

눈에서 뇌로 통하는 신경은 귀에서 전달하는 신경보다 훨씬 크다. 과학자들은 눈에 자극을 주는 것이 귀에 자극을 주는 것보다 25배나 더 자극적이라고 한다. 그래서 '백문이 불여일견'인 것이다. 따라서 의사를 분명하게 전달하려면 요점을 눈에 보이듯이 묘사하고 개념을 시각화해야 한다.

NCR의 창시자 존 H. 패터슨은 《시스템 매거진》 잡지에서, 직원들과 영업사원들에게 말할 때 사용하는 효과적인 방법에 대해 언급했다.

말로 주제를 표현할 때는 청중의 관심을 계속해서 붙잡아두기가 힘들다. 이럴 때는 보다 흥미를 끌 수 있는 보조수단이 필요하다. 단순히 말로 표현하는 것보다 도표를 그리는 것이 훨씬 설득력 있고, 도표보다는 그림이 더욱 설득력이 있다. 주제를 표현하는 가장 좋은 제시 방법은, 각 부분마다 그림을 제시하고 텍스트는 그 그림을 보충하는 정도에 그치는 것이다. 그림은 내가 말하는 어떤 말보다도 효과적이다.

도표를 사용할 때는 눈에 잘 보이게 크게 그려야 하고, 너무 자주 사용하면 오히려 효과가 떨어질 수 있다는 점도 기억하자. 표를 계속해서 너무 많이 보여주면 사람들은 피곤해한다.

연설하면서 직접 도표를 그릴 때는 칠판이나 준비된 차트에 재빨리 대

충 그려야 한다. 청중은 미술작품을 기대하는 것이 아니다. 약식으로 그리
되 크고 알아보기 쉽게 그린다. 그러면서도 계속 설명을 덧붙이고 시선은
청중 쪽을 보고 있어야 한다.

명확성과 전달력을 높이는 도구로서 청각자료의 위상이 날로 높아지고
있다. 어떤 주장을 펼칠 때 말뿐만 아니라 보충자료까지 준비하면 청중의
이해력은 한층 높아진다. 보조물을 사용할 때 다음 사항들을 주의하면 청
중들을 더욱 몰입시킬 수 있다.

1. 제시물은 사용할 시점까지 보이지 않게 감춰둬라.

2. 제시물은 맨 뒷자리에 앉은 사람까지 다 볼 수 있게 큰 것을 사용하라.

3. 연설하는 동안 제시물을 청중 사이로 돌리지 마라. 자칫 시선을 빼앗길
   수 있다.

4. 제시물을 보일 때는 모두가 잘 볼 수 있도록 들어 올려라.

5. 움직이는 제시물은 고정된 제시물보다 10배는 더 효과적이다. 움직이는
   대신 실연을 해 보이는 것도 좋은 방법이다.

6. 연설하면서 제시물에 시선을 주지 마라. 목표는 청중과 교감하는 것이지
   제시물과 교감하는 것이 아니다.

7. 제시물 사용이 끝났으면 가급적 보이지 않는 곳으로 치워버려라.

8. 사용하려는 제시물이 특별히 궁금증을 유발할 수 있는 것이라면, 연설하
   기 전에 당신 옆에 놓아두되 보이지 않게 가려둔다. 연설 도중에 그것에
   대해 언급하면 궁금증은 커질 것이고, 이때도 모습을 들켜서는 안 된다.

당신이 그 베일을 벗길 즈음 청중의 호기심과 긴장감이 폭발할 지경에 이르게 하라.

미국 대통령 가운데 연설을 잘하기로 유명한 에이브러햄 링컨 대통령과 우드로 윌슨 대통령은, 연설 능력은 훈련과 자기 노력의 결과라고 분명하게 지적했다.

특히 링컨은 정확하게 전달하려는 열정이 있어야 한다고 말했다. 그는 녹스 대학의 총장인 걸리버 박사에게, 자신이 어린 시절에 어떻게 이 '열정'을 발전시켰는지 말한 바 있다.

어릴 때 누군가 내가 알아듣지 못하는 말을 하면 답답하고 짜증이 났고, 그건 지금도 마찬가지입니다. 다른 일로는 좀처럼 화나는 법이 없는데도 말입니다.

어느 날 밤, 이웃 어른들이 와서 아버지와 대화를 나누는 것을 듣고는, 내 작은 침실에 틀어박혀서 내가 알지 못하는 말의 정확한 뜻을 이해해보려고 뜬눈으로 밤을 지새웠던 기억이 납니다. 말뜻을 모르고는 도저히 잠을 잘 수가 없었어요. 무진 애를 써서 결국 그 뜻을 알아냈고, 몇 번이고 반복해서 그 말을 내 또래 아이라면 누구나 이해할 수 있도록 쉬운 말로 바꿔보았습니다. 그것은 나에게 일종의 열정이었지요.

우드로 윌슨 대통령의 다음 일화는 이 장을 정리하는 데 적절한 충고가 될 듯하다.

내 아버지는 지적 열정이 대단한 분이셨다. 나는 그런 아버지한테서 최고의 훈련을 받았다.

아버지는 무엇이든 모호한 표현은 못 견디셨다. 나는 글을 배우기 시작하면서부터 1903년 아버지가 81세 나이로 돌아가실 때까지, 내가 쓴 모든 글을 아버지께 보여드려야만 했다. 그때마다 아버지는 내게 큰 소리로 읽게 하셨는데, 나로서는 정말 고통스런 일이었다. 게다가 아버지는 무시로 중지시키고 물으셨다.

"지금 그 말이 무슨 뜻이냐?"

나는 한참을 설명해야 했고, 그러는 동안 내 표현은 종이에 적은 것보다 한결 간명해졌다.

"어떠냐? 그렇게 표현하는 게 훨씬 낫지 않니?"

아버지가 말씀하셨다.

"말을 될 대로 되라는 식으로 산탄총을 쏘듯이 해서는 안 된다. 꼭 말해야 할 것만 라이플총 쏘듯이 정확히 하려무나."

제9장
청중을 납득시키는 연설

언젠가 한 모임에 참가했던 우리 강사들은 허리케인급 충격에 휩싸였다. 예상치도 못했던 엄청난 연설을 들었던 것이다. 그 당사자는 모리스 골드블라트라는 남자였다. 다음은 그 자리에 있던 한 강사가 내게 들려준 이야기다.

그 점심 모임에서 우리는 건너편 테이블에 앉은 사람이 뛰어난 연사라는 사실을 한눈에 알아보았습니다. 모리스 골드블라트라는, 말쑥한 차림에 인상이 푸근한 중년 신사였습니다. 그는 먼저 초대해줘서 고맙다고 인사를 했습니다. 그런 다음 자기 이야기가 조금 심각할 수 있다면서 양해해달라고 하더군요.

그러더니 소용돌이치는 파도처럼 갑자기 울부짖기 시작했습니다. 그는 상체를 앞으로 쭉 내밀고 꿰뚫듯 우리를 노려보았습니다.

"주위를 한번 둘러보십시오."

목소리는 높지 않았지만, 그 울림은 마치 귓가에서 종을 치는 것 같았습니다.

"서로의 얼굴을 살펴보십시오. 지금 이 레스토랑에 있는 사람들 가운데 몇 명이 암으로 사망하게 될지 알고 계십니까? 45세 이상의 성인 네 명 중 한 명입니다. 놀라지 마십시오. 네 명 중 한 명꼴입니다!"

골드블라트 씨는 잠시 숨을 고르면서 긴장된 표정을 누그러뜨렸습니다.

"안타까운 일이지만 어쩔 수 없는 사실입니다. 그러나 낙심할 필요는 없습니다. 이런 상태는 그리 오래가지 않을 것입니다. 대책을 마련하면 조만간 크게 달라질 수 있습니다. 그 대책은 암 치료법과 그 원인을 찾는 연구가 획기적으로 발전하는 것입니다."

그가 엄숙한 시선으로 테이블을 둘러보면서 말했습니다.

"어떻습니까? 여러분께서도 이 놀라운 기적에 동참하고 싶지 않으십니까?"

그때 청중의 표정은 "네!" "그렇소!" "옳소!" 하고 소리치는 듯했습니다. 나도 '물론!' 하고 확신했고요. 생각해보십시오. 그 상황에 다른 어떤 말이 나오겠습니까?

　모리스 골드블라트 씨는 그렇게 삽시간에 청중을 사로잡았습니다. 그는 우리들 한 명 한 명을 암 퇴치라는 투쟁의 대오로 끌어들였습니다.

　연설자라면 누구나 연설로 청중의 마음을 사로잡고 싶지만, 골드블라트 씨가 강연하며 사람들을 설득하는 덴 그럴 만한 사연이 있었습니다.

　골드블라트 씨와 그는 동생 네이선은 맨손으로 시작해서 연 1억 달러의 매출을 올리는 백화점 체인을 구축했습니다. 엄청난 고생 끝에 이룬 성취였지요. 하지만 그 성취의 기쁨도 아주 잠시뿐이었습니다. 동생 네이선에게 암이 찾아왔고, 발병한 지 1년도 안 돼서 사망하고 말았으니까요.

　그 일을 겪고 난 골드블라트 씨는 시카고 대학의 암 퇴치 프로그램에 100만 달러를 기부했고, 지금은 사업 일선에서도 물러나 전적으로 암 퇴치운동에 매달리고 있습니다.

　모리스 골드블라트 씨의 그런 가슴 아픈 사연과 함께 그의 강렬한 연설이 청중의 마음을 사로잡았습니다. 그는 자신의 연설에 진지함과 열정을 담아 불과 단 몇 분 사이에 자신의 위대한 대의를 훌륭하게 표현했습니다. 그래서 우리는 진심으로 그의 행동에 동참하게 되었습니다.

먼저 자신을 납득시켜라

쿠인틸리아누스는 웅변가를 일컬어 '말을 잘하는 좋은 사람'이라고 표현했다. 즉 테크닉보다는 웅변가의 성실성과 인격을 강조한 것이다. 감동적인 연설을 하기 위한 조건으로 이 근본적인 태도를 대신할 내용도 없을 것이다.

존 피어폰트 모건은 '신뢰를 얻는 최선의 방법은 인격'이라고 했다. 마찬가지다. 청중을 납득시키기 위한 최선의 방법도 인격이다.

알렉산더 울컷이 말했다.

"진심을 담아 연설하는 사람의 목소리에는 어떤 모사꾼도 모방할 수 없는 진실이 담겨 있다."

특히 연설의 목적이 다른 사람을 납득시키기 위한 것이라면 마음에서 우러난 진심을 담아 말해야 한다. 남을 납득시키기 전에 먼저 자신부터 납득시켜야 하는 것이다.

Yes 반응을 유도하라

노스웨스턴 대학의 총장을 역임한 월터 딜 스콧은 "마음속에 들어온 모든 생각과 개념과 판단은 특별히 상반된 개념이 들어오지 않는 한 진실로 여겨진다."라고 했다.

이 말은 청중이 당신이 하는 말에 대해 항상 'Yes'라고 대답할 긍정적인 심리 상태로 만들어야 한다는 말이다. 이 개념에 대해서는, 내 친구 해리 오버스트리트 교수가 뉴욕의 한 사회연구 모임에서 행한 연설에서 훌륭하게 설명해주었다.

실력 있는 연설자는 처음부터 'Yes'라는 대답을 많이 이끌어냅니다. 그리고 그것이 성공하면 청중의 심리 상태는 대부분 긍정적인 쪽으로 돌아섰다고 봐도 무방합니다. 이것은 마치 당구공이 움직이는 것과 같은 원리입니다. 당구공을 진행 방향으로 보내려면 힘을 가해야 하는데, 반대쪽으로 돌리려면 그보다 훨씬 더 강한 힘을 가해야 하는 것입니다.

듣는 사람이 'No'라고 말하고 진심으로 그렇게 생각하면, 단순히 'No'라는 말보다 훨씬 더 굳건한 마음 상태가 됩니다. 그의 모든 신체 조직이 다 같이 거부하는 겁니다. 이것은 보통 몇 분 정도의 미약한 현상이지만 때로는 눈에 띌 정도로 신체적으로 위축되는 경우도 있습니다. 즉 모든 신경과 근육 조직이 외부의 자극에 저항하는 태세를 갖추는 것입니다.

반대로 'Yes'라고 대답할 때는 아무런 위축 현상이 나타나지 않습니다. 신체 조직이 기꺼이 외부 자극을 받아들이고 열린 태도가 되는 것입니다. 따라서 연설자가 처음부터 'Yes'라는 대답을 많이 이끌어내면 전달하고자 하는 내용에 대해 성공적으로 주의를 집중시킬 수 있습니다.

청중의 긍정적인 대답을 이끌어내는 기술은 매우 간단합니다. 그런데 많은 연설자들은 이를 무시하고, 심지어는 처음부터 적대적으로 구는 것이 낫다고 생각하는 경우도 있습니다. 처음부터 망쳐버린 분위기를 긍정적인 상태로 되돌리기란 상당히 힘든 데도 말입니다.

누군가 보수적인 회원들 앞에서 급진적인 내용을 주장한다고 해봅시다. 그 사람은 곧 회원들을 화나게 만들 것입니다. 그러면 무슨 도움이 되겠습니까? 일방적인 자기만족을 위해서라면 몰라도, 뭔가 성과를 얻으려고 그 자리에 섰다면 참 어리석은 짓입니다. 시작부터 상대방에게 'No'라는 대답이 나오게 해놓고 긍정적으로 되돌리려면, 인내의 천사가 전적으로 돕지 않는 한 불가능한 일일 것입니다.

그렇다면 처음부터 긍정적인 반응을 유도하려면 어떻게 해야 할까? 링컨 대통령은 이렇게 말했다.

"논쟁을 시작해서 이기는 방법은 우선 양쪽이 공감하는 공통 관심사부터 찾는 것이다."

링컨은 위험부담이 상당했던 노예제도라는 뜨거운 감자를 다룰 때도 공통의 관심사부터 찾았다. 그런 링컨을 보고 당시에 중립적인 입장을 취했던 《미러》지의 한 기사는 이렇게 썼다.

링컨의 반대자들은 처음 30분간 그의 연설에 대해 하나같이 동감을 표했다. 링컨은 바로 거기서부터 조금씩, 마치 상대편을 모두 자기 우리 안에 몰아넣을 듯이 하나하나 논리를 펼쳐나갔고, 결국에는 모두 찬성 쪽으로 이끌었다.

청중과 맞서서 방어적으로 만든 다음 그들의 생각을 돌린다는 것은 거의 불가능한 일이다. "제가 여러분의 미움을 받더라도 이 말만은 꼭 해야겠습니다."라고 시작하는 것이 과연 옳은 일일까? 그러면 그들은 십중팔구 그것을 도전으로 받아들이고, "흥, 해볼 테면 해봐라." 하고 마음의 빗장을 걸어버린다.

우선 청중과 함께 공감하는 것부터 시작한다. 자연스럽게 'Yes'라는 반응을 유도하는 것이 중요하다. 그러면 청중을 당신이 의도하는 탐구의 세계로 안내하기가 한결 수월해진다. 그러는 사이에 당신의 견해와 특정 주장을 펼치면, 청중은 당신의 결론을 마치 자신들의 결론처럼 받아들이게 된다. 청중은 자신들이 발견한 진실에 대해서는 더 강한 믿음을 갖는다.

1960년 2월 3일, 영국의 해럴드 맥밀런 수상이 남아프리카공화국의 양원 의회에서 연설을 하게 되었다. 영국 수상이 인종차별정책을 펴고 있는 남아공 입법부에서 그 정책에 반대하는 입장을 피력해야만 했던 것이다. 그는 서로 근본적인 입장부터가 다르다면서 연설을 시작했을까? 아니었다.

맥밀런은 먼저 남아공의 눈부신 경제발전을 축하하고, 남아공이 세계 무대에서 공헌한 일들을 치켜세웠다. 그런 다음에 재치 있고 아주 교묘하게 인종정책 문제를 거론했다. 그것도 이런 견해차는 옳고 그름이 아니라 서로 다른 철학과 신념 때문일 것이라며 듣기 좋게 포장했다. 자신의 소신과 철학을 당당하게 밝힌 그의 연설은, 에이브러햄 링컨이 남북전쟁의 시작을 지켜본 섬터 요새에서 행한 관대하고 단호했던 연설을 연상시킬 정도로 훌륭한 연설이었다.

남아프리카공화국을 전적으로 지지하고 격려하고 싶은 것이 우리의 소망입니다. 그렇지만 제가 오늘 이 자리에서 말씀드리고 싶은 것은, 유감스럽게도 여러분의 정책 중에는 우리가 존중하고 지키고자 하는 자유를 향한 신념에 위배되는 사항이 있다는 것입니다. 우리는 같은 우방으로서 시시비비를 가리기보다는 상호 견해차를 좁힐 수 있도록 서로 노력해나가야 한다고 생각합니다.

이런 연설을 듣게 된다면 비록 견해가 다른 사람일지라도 그가 공정하며 사심이 없는 사람이라고 생각하게 될 것이다.

만약 맥밀런 수상이 처음부터 공통 관심사보다는 정책적으로 다른 부분을 강조하고 나섰다면 어떻게 되었을까? 제임스 H. 로빈슨 교수는《정신의 형성》에서 이 문제를 심리학적으로 풀이하고 있다.

인간은 어떤 큰 계기 없이도 생각을 바꿀 수 있지만, 자신이 틀렸다고 공격받으면 불쾌해하며 저항하게 된다. 자신의 믿음이 어떻게 형성되었는지는 관심 없으면서도 그 믿음이 비난받으면 방어하면서 강한 애착을 갖는다. 그 믿음이 소중해서가 아니라 자부심이 상처를 입기 때문이다.

그래서 아주 보잘것없는 것이라도 내 생각이 중요하고, 그것이 자기 삶의 원천이라고 생각한다. 그래서 '내 강아지' '내 저녁식사' '내 나라' '내가 믿는 신'이 중요한 것이다. 단순히 시간이 틀렸다든가 차가 고물이라고 손가락질하는 것을 불쾌해하는 것이 아니다. 화성 운하에 대한 견해, 에픽테토스에 대한 믿음, 살리신(salicin)의 약효, 사르곤 1세 시대에 대한 생각을 바꾸거나 정정하라고 하면 화를 낸다.

인간은 자신이 믿고 받아들인 것, 즉 이미 익숙한 것을 계속 믿고 싶어 하는 보수적인 경향이 있다. 그래서 자신이 알고 있는 전제를 부정하면 화를 내면서 저항한다. 따라서 소위 논증은 이미 믿고 있는 것을 더욱 공고히 할 거리를 찾는 과정에 불과하다.

열정을 전파하라

연설자가 감정과 열정이 담긴 연설을 하면 청중의 마음속에 거부감이 덜하다. 따라서 청중의 마음을 사로잡으려면 생각을 많이 하게끔 하는 것보다 감정에 호소하는 쪽이 훨씬 더 효과적이다.

감정은 차가운 이성보다 힘이 세다. 이 감정을 불러일으키기 위해서는 무엇보다도 진실해야 한다. 미사여구나 그럴듯한 사례, 우아한 제스처도 진실한 말이 아니면 아무 소용없다. 모두 공허하고 가식적인 겉치레에 불과할 뿐이다.

당신이 청중을 감동시키려면 우선 당신 자신부터 감동해야 한다. 청중은 당신의 올바른 정신과 반짝이는 눈, 목소리에서 전해지는 뜨거운 열정을 좋아한다. 특히 어떤 확신을 심어주기 위한 연설에서는 그런 당신의 태도가 청중의 반응을 결정한다. 당신이 맥없이 연설하면 청중도 그렇게 되고, 당신이 적대적으로 말하면 청중도 그렇게 한다.

한번은 컬럼비아 대학에서 주최한 연설 심사위원으로 참석한 일이 있었다. 참가한 학생은 여섯 명이었는데 모두 열심히 노력한 티가 났다. 그러나 딱 한 학생을 제외하고는 메달 획득이 목적인 듯했다. 연설에 확신을 주겠다는 열망은 거의 없어 보였다. 또 주제도 연설에 적합한 것을 골랐을 뿐 자기주장에 특별히 관심이 있어 보이지도 않았다. 그들의 유창한 연설은 단지 말 잘하는 기술을 연마한 것에 불과했다.

그런데 줄루족의 후예라는 한 학생은 달랐다. 그는 '아프리카가 현대문

명에 끼친 공헌'에 대해 연설했는데, 말 한마디 한마디마다 열정이 묻어났다. 그의 연설은 연습으로 얻어진 것이 아니라 확신과 열정이 묻어나는 살아 있는 연설이었다.

그는 자신의 종족과 태어난 대륙을 대표해서 연설하고 있었다. 지혜와 고결한 인품과 선의를 가지고, 자기 종족의 희망을 전하면서 청중의 이해를 간절히 호소했다. 연설의 기술면에서는 그보다 나은 학생이 두셋 있었지만, 나를 포함한 심사위원들은 만장일치로 그 학생을 수상자로 결정했다. 그의 연설에서 진정한 열의를 보았기 때문이다. 그 열의는 진실과 함께 타오르고 있었다. 그에 비하면 다른 학생들의 연설은 그저 껌뻑이는 불꽃처럼 힘이 없었다.

청중에게 존경과 애정을 보여라

한번은 노먼 빈센트 필 박사가 어떤 코미디언과 함께 텔레비전 프로그램에 나갔다. 필 박사는 평소 그 코미디언과 알고 지내는 사이는 아니었지만, 인기가 예전만 못해서 고전 중이라는 사실은 알았다.

스튜디오에서 잠자코 차례가 되기를 기다리는데 코미디언이 먼저 말을 걸어왔다.

"선생님, 긴장되시나요?"

"긴장되지요."

필 박사가 말했다.

"사람들 앞에 나서기 전에는 조금 긴장됩니다. 청중에게 항상 깊은 존경을 느끼기 때문에, 책임감 때문에 그럴 수밖에 없지요, 당신은 안 그렇습니까?"

코미디언이 대답했다.

"천만에요. 뭣 때문에 긴장을 해요? 청중은 뭐든 다 받아줍니다. 마치 바보들이 떼거지로 모여 있는 것 같죠."

필 박사가 그에게 말해주었다.

"그 말에는 동의할 수 없소. 청중은 바보가 아니라 오히려 당신의 절대적인 심판관입니다. 그러니 청중에게 존경심을 가져보세요."

필 박사는 나중에 한 잡지에서 그 코미디언의 인기가 날로 추락하고 있다는 기사를 읽었다. 박사는 그 원인이 대중의 마음을 사로잡는 대신에 적개심을 불러일으키는 태도 때문일 것이라고 생각했다. 우리에게 일침을 가하는 뼈저린 교훈이 아닐 수 없다.

노먼 빈센트 필 박사는 이렇게 결론지었다.

"인간은 남들로부터 사랑과 존경을 받고 싶어 합니다. 모든 사람은 마음속으로 자신이 가치와 위엄이 있는 존재라고 생각합니다. 누군가 이 의식에 상처를 주면 영원히 그 사람을 잃게 됩니다. 따라서 당신이 누군가를 사랑하고 존경해서 그를 치켜세우면 그 사람도 당신을 사랑하고 존중해줄 것입니다."

상대방의 자존심을 배려하라

성공회 신부인 윌리엄 페일리 씨에게 한 무신론자가 신의 존재를 부정했다. 페일리 씨는 조용히 회중시계를 꺼내더니 뚜껑을 열고 말했다.

"만일 내가 이 시계의 부속과 톱니바퀴와 태엽이 따로따로 존재하다가 어느 순간 모여서 저절로 돌아가는 거라고 말한다면, 당신은 날더러 제정신이라고 하겠소? 분명 정신 나갔다고 할 거요. 밤하늘의 별들은 어떻소? 하나같이 정해진 궤도를 따라 움직이고 있소. 태양계 행성들은 정확하게 하루 100마일 이상의 속도로 돌고 있습니다. 또 다른 행성의 별들도 저마다의 궤도를 따라 우주를 운행하고 있고요. 그러면서도 서로 충돌하거나 뒤섞이는 혼란이 없습니다. 이것이 단지 우연의 현상이라고 믿는 게 쉬울까요? 아니면 누군가 그렇게 만들었다고 믿는 게 쉬울까요?"

만일 페일리 신부가 처음부터 무신론자를 반박하며 되받아쳤다면 어떻게 됐을까?

"신이 없다고? 멍청한 소리! 당신이 지금 무슨 헛소리를 지껄이는지 알고 있소?"

이랬다면 고성과 함께 격렬한 논쟁이 벌어졌을 테고, 무신론자는 신성모독 발언을 쏟아내며 자기주장을 고수하려고 발버둥쳤을 것이다. 자신이 옳다고 믿는 것이 무시당하고 자존심이 위협당한다고 생각하기 때문이다. 자존심은 이렇게 폭발성이 크다. 따라서 그것을 건드려 화를 돋우기보다는 우호적으로 만드는 것이 중요하다. 그러려면 페일리 신부처럼 상대방이 이미 알고 있는 어떤 것과 비교하여 설득하는 것이 중요하다. 그러면 상대는 무턱대고 거부하기보다는 수긍하는 쪽으로 돌아설 가능성이 커진다. 아니, 최소한 신부의 주장을 묵살하려는 반동적인 행태는 보이지 않을 것이다.

페일리 신부는 사람의 마음이 어떻게 움직이는지 그 미묘한 법칙을 이해하고 있었다. 그러나 많은 사람들은 인간의 믿음이라는 요새에 그 성의 성주와 손을 맞잡고 들어가는 이 미묘한 능력에 대한 이해가 부족하다. 그래서 심지어는 요새를 점령하기 위해서는 폭풍처럼 공격을 퍼붓고 정면돌파만이 능사라고 생각한다. 그러나 적개심을 드러내는 순간 성문은 굳게 닫힌 채 빗장을 걸 것이고, 사나운 궁수들이 무장한 채 '말의 전쟁'을 벌일 것이다. 그러면 서로 상처만 입을 것이고, 끝없는 말싸움에는 승자가 있을 수 없다. 어느 쪽도 상대방을 설득하지 못하기 때문이다.

바울의 아레오파고스 연설

상대방의 입장을 배려한 연설은 오랜 옛날 사도 바울 때부터 구사해왔던 방법이다.

그 당시 바울은 똑똑했고 충분히 교육받은 사람이었다. 그는 기독교로 개종한 뒤 뛰어난 웅변술 덕분에 기독교의 선구적인 대변자가 되었다.

어느 날 바울은 아테네에 도착했다. 당시의 아테네는 페리클레스가 죽고 나서 쇠퇴의 길에 놓여 있었다. 성경에서는 이 시기를 "모든 아테네인들과 이방인이 뭔가 새로운 소식을 갈망하고 있었다."라고 묘사하고 있다. 요즘과 같은 통신매체가 없었던 당시에 매일 새로운 소식을 접하기란 상당히 힘들었을 것이다. 그런데 바로 그때 바울이 나타났다. 뭔가 새로운 일이 벌어진 것이다. 무료했던 아테네인들은 잔뜩 호기심을 갖고 그 이방인 곁으로 몰려들었다.

사람들은 바울을 아레오파고스 언덕으로 데리고 가서 말했다.

"당신이 말하는 새로운 교리가 어떤 것인지 알려주시오. 그대가 알고 있는 것은 분명 우리한테는 낯설 것이오. 우리는 그것을 듣고 싶고 알고 싶소."

그들은 바울에게 연설해달라고 요청했고 바울은 흔쾌히 승낙했다. 바울은 곧 돌로 만든 연단에 올라서서 연설을 시작했다. 그렇지만 그는 아테네인들이 원하는 낯설고 새로운 것을 말하지는 않았다. '새로운 교리' 낯선 것'에는 독이 들어 있었다. 바울은 쓸데없는 대립이나 충돌을 원치 않았다. 그리고 자신의 종교가 낯설고 이질적인 것처럼 보이고 싶지도 않았다. 그렇지만 어떻게?

그는 한참을 고민했고 마침내 한 가지 방법이 떠올랐다. 그래서 오래도록 기억되는 명연설을 시작할 수 있었다.

"아테네인들이여! 나는 여러분이 모든 면에서 매우 종교적이라고 생각합니다."

그 말은 사실이었다. 실제로 아테네인들은 많은 신들을 섬기고 있었다. 그들은 매우 종교적이었고 그 점에 대한 자부심도 높았다. 바울은 그들을 칭찬해서 우쭐하게 만들었고, 아테네인들은 바울에게 호감을 보이기 시작했다.

"길을 걷다 보니 '알지 못하는 신께'라고 써 붙인 제단도 있더군요."

그것은 아테네인들이 매우 종교적이라는 사실을 입증하는 것이었다. 그들은 혹시 자신들이 빠뜨린 신의 노여움을 사지 않을까 두려워서 이름도 모르는 신의 제단을 꾸며놓았던 것이다. 자신들도 모르는 사이에 신을 모독하거나 실수를 저지를까 봐 안전장치를 해놓은 것이다. 바울은 그 특별한 제단을 언급함으로써 자신이 괜히 입바른 소리를 한 것이 아니라는 것을 보여주었다. 그는 계속해서 말했다.

"제가 오늘 이 자리에서 그대들이 지금껏 자신도 모르게 섬겨왔던 그분을 소개하려고 합니다."

새로운 교리나 낯선 무엇이 아니었다. 바울은 그저 아테네인들이 무의식적으로 숭배해왔던 신에 대한 진실을 몇 가지 설명한 것뿐이었다. 그들이 믿지 못하던 사실을 그들이 이미 열렬히 떠받들고 있는 것과 비슷한 것에 비유한 것, 바로 그것이 바울이 구사한 기술이었다.

그는 그날 몇 마디 문장을 인용하여 구원과 부활의 교리를 설명하는 데 성공했다. 그의 설교에 많은 이들이 호기심을 보였고, 더 많은 이들이 그의 설교가 더 이어지기를 원했다.

일상생활에서 당신은 어떤 문제를 두고 늘 다른 사람과 이야기하고 의견을 나눈다. 가정이나 직장, 온갖 사회적인 모임에서 끊임없이 자기 의견에 대해 다른 사람들의 동의를 구하고 있다. 이럴 때 어떤 식으로 이야기하는가? 혹시 당신이 말하는 방법에 고칠 점은 없는가? 링컨이나 맥밀런처럼 재치 있게 말할 수 있는가? 그렇다면 당신은 사교적인 능력과 판단력이 뛰어난 사람이다.

우드로 윌슨이 한 다음의 말을 상기하자. 도움이 될 것이다.

만약 당신이 나를 찾아와서, "자, 앉아서 함께 이야기해봅시다. 우리 생각이 서로 다르다면 왜 그런지, 무엇 때문인지 한번 이야기해봅시다."라고 말했다고 하자. 그러면 우리 사이에는 크게 견해차가 없고 서로 납득하지 못할 부분도 없으며, 오히려 서로 공감하는 부분이 상당히 많다는 점을 느낄 것이다. 그리고 인내와 진솔함, 함께하겠다는 열망이 있으면 우리는 뭐든 함께 해나갈 수 있게 된다는 사실도 알게 될 것이다.

제10장

즉석연설의 테크닉

경제계 리더와 정부 관리들이 제약회사가 새롭게 설립한 연구소에 모였다.

여섯 명의 연구진이 차례로 일어나서 그간의 성취에 대해 발표했다. 화학자와 생물학자인 그들은 전염병 예방에 필요한 새로운 백신과 항생물질, 신경안정제 개발에 몰두해왔다. 모두 동물실험을 이미 마쳤고 임상실험 단계에서도 좋은 반응을 보이고 있었다.

"정말 놀라운 성과로군요!"

정부 관리 한 명이 연구소장을 칭찬했다.

"여러분은 정말 마술사 같군요. 우리 의학 발전에 큰 공헌을 하셨습니다. 그런데…… 발표는 모두 연구원들이 하고 소장님께선 왜 한 말씀도 않으시죠?"

연구소장이 잔뜩 기어들어가는 목소리로 말했다.

"제가…… 사람들 앞에 서면 말이 잘 안 나옵니다. 그래서……."

연구소장은 그렇게 어물어물 넘어가려고 했다. 하지만 잠시 후 사회자가 불쑥 소장을 지목하며 당혹스런 말을 했다.

"우린 아직 연구소장님의 말씀을 듣지 못했습니다. 소장님께선 격식을 차리는 연설을 꺼리시는 것 같습니다만, 오늘 같은 날 인사 정도는 해주셔야지요?"

소장은 마지못해 일어나 기어들어가는 목소리로 겨우 몇 마디를 중얼거릴 뿐이었다.

"오늘 찾아주신 여러분께 진심으로 감사드리고……. 긴 말씀을 못 드려 죄송합니다……."

이것이 소장이 한 말의 전부였다.

소장은 그 분야에서 최고의 성취를 이룬 실력자임에도 남들 앞에 서는 것이 한없이 당황스럽고 힘들었다. 그러나 아무리 연설 경험이 없더라도 짧은 인사말도 못할 정도로 불가피한 일은 아니었다. 그가 진작 문제를 진지하게 받아들이고 고칠 마음이 있었다면 즉석연설이라도 배울 수 있었을 것이다. 왜냐하면 우리 강의를 찾아온 사람 중에 즉석연설을 포기한 사람은 한 명도 없었기 때문이다. 무엇보다 먼저 '나는 안 돼'라는 패배주의적인 태도부터 던져버려라. 그리고 당분간은 힘들더라도 끝까지 해내고 말겠다는 확고한 의지를 가져야 한다.

아마 당신은 이렇게 말할지도 모른다.

"연설을 미리 준비했을 때는 괜찮은데 생각지도 못할 때 불쑥 한마디 해 달라고 하면 정신이 하나도 없는 겁니다."

오늘날은 즉석연설이 다른 무엇보다도 중요하다. 그래서 어떤 의미에서는 갑자기 나서서 발표할 수 있는 능력이 오랜 시간 준비한 긴 연설을 하는 능력보다 더 중요해지고 있다.

격식보다는 실리를 더욱 중요하게 여기는 오늘날에는 빠른 판단과 순발력 있는 언어 구사 능력이 꼭 필요하다. 오늘날의 산업이나 정치에 영향을 끼치는 중요한 일도 한 사람의 결단이 아니라 여럿이 모인 회의에서 결정된다. 회의에서는 누구한테든 공평한 발언 기회가 주어지지만, 그럴수록 다른 의견들 속에서도 빛을 발해야 한다. 바로 즉석연설 능력이 절실해지는 순간이다.

즉석연설을 연습하라

보통의 상식을 지닌 사람이라면 누구나 훌륭한 즉석연설을 할 수 있다.

즉석연설은 말 그대로 '즉흥적으로 하는 연설'이다. 갑자기 한마디 해달라고 요청받았을 때 망설이지 않고 자기 견해를 밝히고 발표하는 능력이다. 이런 능력을 키우는 데는 몇 가지 방법이 있다.

몇 년 전에 영화배우 더글러스 페어뱅크스가 《아메리카 매거진》에 글을 기고했다. 찰리 채플린, 메리 픽퍼드와 함께 2년 동안 거의 매일 밤마다 게임을 했다는 내용이었다. 그 게임은 단순히 재미로 한 것이 아니라, 말하는 기술 중에서도 가장 난이도가 높은 '일어서서 생각하기'를 연습한 것이다. 페어뱅크스가 말했다.

먼저 각자가 종이쪽지에 이야깃거리를 한 가지씩 적어서 섞어놓는다. 그런 다음 한 사람씩 그 종이쪽지를 선택하고, 바로 일어나서 1분 동안 자기가 고른 주제에 대해 이야기하는 것이다. 물론 같은 주제가 반복되는 일은 없게 했다.

한번은 내가 '전기스탠드의 갓'에 대해 이야기해야 했다. '그쯤이야 뭐' 하는 사람이 있다면 한번 해보기 바란다. 나는 꽤 애를 먹고 나서야 겨우 곤경을 모면할 수 있었다.

중요한 점은 우리 세 사람이 이 게임을 시작한 뒤로 모두 말을 잘하게 되었다는 것이다. 또 잡다한 화제에 대해서도 정말 많이 알게 되었다. 그리고 더욱 큰 소득은, 즉흥적으로 자기가 가진 지식을 모아 하나의 주제에 대해 생각하는 법을 배웠다는 사실이다.

우리 강좌의 수강생들은 몇 번이고 즉석에서 말해보라는 지시를 받는다. 내 경험상 이런 연습은 두 가지 면에서 매우 쓸모가 있음을 알 수 있었다.

첫째, 수강생들은 자신들이 서서 생각할 수 있다는 걸 확인할 수 있다.

둘째, 이 경험을 바탕으로 준비한 연설을 할 때는 훨씬 더 자신감을 갖게 된다. 즉 준비한 연설을 하는 도중 갑자기 말이 막히더라도 다시 생각날 때까지 즉석연설로 끌고 나갈 수 있다는 것을 알게 된다. 그러므로 나는 수시로 수강생들에게 이렇게 요구한다.

"오늘 수업시간에는 여러분 각자가 다른 주제로 연설할 겁니다. 호명되어 일어나기 전에는 주제가 뭔지 모릅니다. 다들 당황하지 말고 잘해내리라 믿습니다."

어떤 회계사는 광고에 대해서 발표해야 하고, 세일즈맨은 유치원에 대해 발표해야 한다. 그리고 학교 교사는 금융에 대해 발표하고, 은행원은 학교교육에 대해 발표해야 한다. 또 판매원은 제품 생산에 대해, 생산직 노동자는 운수업에 대해 발표하기도 한다.

이때 그들이 당황하여 고개를 푹 숙이고 어물어물했을까? 천만의 말씀이다! 그들은 주어진 낯선 분야에 대해 최선을 다해 말하려고 했다. 모르는 것을 아는 체하지 않고 자신이 알고 있는 수준에 맞춰서 침착하게 이야기를 풀어나갔다.

물론 처음부터 잘할 수는 없었다. 그렇지만 지명된 사람은 일단 자리에서 일어섰고, 어떻게든 말을 하려고 했다. 어떤 사람은 쉽게, 어떤 사람은 진땀을 흘리며 쩔쩔매기도 했다. 하지만 포기하지는 않았다. 그리고 다들 자신이 생각했던 것보다 훨씬 잘할 수 있다는 사실을 알게 되었다. 이것은 그들에게 참 가슴 벅찬 일이었다. 즉석연설은 우리 수강생들 누구나 하는 연설이다. 의지와 자신감만 있다면 누구라도 할 수 있고, 노력하는 만큼 실력도 향상될 것이다.

즉석연설을 훈련하는 또 다른 방법으로 이야기의 연쇄법이 있는데, 우리 강좌만의 독특한 방법이다. 첫 번째 수강생은 상상할 수 있는 가장 기상천외한 이야기를 해보라는 지시를 받는다. 수강생이 일어나서 조금 머뭇거리다가 이내 즉석연설을 시작한다.

"내가 헬리콥터를 몰고 있을 때 갑자기 비행접시 편대가 내 쪽으로 접근해왔습니다. 나는 급히 고도를 낮추었습니다. 그러자 맨 앞에서 다가오던 비행접시의 키 작은 조종사가 이쪽으로 레이저 공격을 퍼붓는 것이었습니다. 나는 얼른 방향을 바꿔서……."

이때 벨이 울려 제한시간이 끝났음을 알린다. 그러면 그 뒷사람이 앞사람의 이야기를 이어나가야 한다. 이렇게 클래스의 수강생 전원이 순서대로 각자 할당된 시간을 다 쓰고 나면, 이야기가 안드로메다에서 끝날지 국회의사당에서 끝날지 아무도 모른다.

즉석연설, 준비 없이 말하는 기술을 향상시키는 것은 화술 능력을 키우는 데 매우 효과적이다. 이런 연습은 직장생활이나 사회생활에서 말을 해야만 하는 실제상황을 대비하게 해준다. 이 장에서 제시하는 몇 가지 방법을 명심한다면 당신도 즉석연설의 실력자가 될 수 있다.

즉석연설도 실제 예를 들어 시작하라

갑자기 말을 해보라는 주문은, 보통 그가 잘 알고 있는 주제에 대해서 이야기해달라는 것이다. 이때 문제는 그 상황을 인식하고 짧은 시간에 어떻게 말할지를 선택하는 것이다. 그리고 이런 상황에 익숙해지려면 늘 어떤 상황에 대해 마음의 준비를 해둬야 한다는 것이다. 어떤 모임에서 한마디 해달라는 요청을 받으면 무슨 말을 할지 마음속으로 준비해두자. 어떤 주제를 말하는 것이 적절할지, 지금 거론하는 안건에 찬성인지 반대인지, 반대한다면 어떤 식으로 말하는 것이 좋겠는지…….

어떤 상황에서든 즉시 말할 수 있는 정신 상태를 유지해야 한다. 주위의 여러 상황을 꼼꼼히 분석하고 준비하지 않으면 즉석연설에서 큰 호응을 얻을 수 없다. 이것은 비행기 조종사들이 비상시에 대비해 끊임없이 훈련하며 위급상황에 대비하는 것과 같다.

즉석연설에 탁월한 사람은 우연히 그렇게 된 것이 아니다. 여러 주제에 대해서 수시로 연습하며 스스로를 단련시킨 결과인 것이다. 그러나 엄밀히 말하면 그런 연설은 실제 '즉석'연설이라고 할 수는 없다. 훈련을 통해 그런 주제는 이미 알고 있는 것이고, 실제 상황에 맞춰 적절히 조절만 하면 되는 것이기 때문이다.

즉석연설은 보통 짧은 시간이 주어진다. 당신이 생각하고 있는 소재 중 어떤 것이 그 상황에 맞을지 판단하라. 아무런 준비도 못했다고 해서 미안할 필요도 없다. 다들 그렇게 알고 있으니까 말이다. 가능한 한 빨리 첫마디를 떼라.

즉석연설도 곧장 실례를 들어 하는 것이 좋다. 이는 세 가지 면에서 유리하다.

첫째, 다음 문장을 생각하느라 머리를 쥐어짤 필요가 없다. 노련한 사람은 즉흥적인 상황에서도 쉽게 이야기를 풀어나간다.

둘째, 말이 술술 나오면서 불안감도 사라지고 주장하고 싶은 문제를 검토할 여유도 갖게 된다.

셋째, 즉시 청중의 관심을 얻을 수 있다.

앞에서도 지적했듯이 자신의 경험을 예로 드는 것은 즉시 청중의 관심을 끌 수 있는 가장 확실한 방법이다. 실례를 들어 시작한 말에 청중이 반응하며 당신의 인간적인 면에 관심을 기울이면 어느 정도 자신감을 가질 수 있다.

청중의 머리 위로 전등이 번쩍이는 것처럼, 사람들이 당신의 말을 이해하고 기대감에 눈을 반짝이면 최선을 다해 부응하고자 노력하게 된다. 따라서 연사와 청중 사이에 생기는 친밀감은 연설을 성공시키는 열쇠가 된다. 이런 친밀한 관계는 진정한 소통이 없이는 불가능하다. 그래서 연설 서두에 먼저 실례를 들라고 하는 것이고, 특히 즉석연설을 할 때는 공식처럼 따라야 한다.

실례로 시작하라. 그리고 간결하게 말하라.

정열적으로 임하라

연사가 정열적으로 힘 있게 연설하면 신체적으로 나타나는 생동감이 정신작용에도 좋은 영향을 끼친다.

연설을 하다 말고 불쑥 몸동작을 하는 사람을 본 일이 있는가? 그는 곧 말이 유창해지고 목소리에도 힘이 실린다. 사람의 몸동작이 정신에 미치는 영향은 매우 크다. 그래서 손을 움직여야 할 때와 머리를 써야 하는 일을 묘사할 때 같은 단어를 사용하기도 한다. 예를 들어 '개념을 잡는다'라든가 '생각을 놓지 않는다'라는 식으로 말이다. 윌리엄 제임스가 말한 대로 신체에 활기를 불어넣으면 정신도 빠르게 작용한다.

현장상황을 이용하라

누군가 당신의 어깨를 두드리며 "한 말씀 해주시겠습니까?" 할 경우가 있다. 정말 아무런 예고도 없이 불쑥 말이다. 느긋하게 사회자의 말을 듣고 있는데 그가 불쑥 당신을 지목해서 정신이 번쩍 들 때가 있을 것이다. 사람들의 시선이 일제히 당신을 향하고, 곧 당신에게 마이크가 주어진다. 이런 경우 당신은 몹시 당황하게 된다. 그러나 그럴수록 냉정하고 침착해야 한다.

우선 사회자에게 객쩍은 농담이라도 건네는 것으로 잠깐 숨을 돌릴 수도 있다. 그런 다음에는 그 모임에 대한 이야기를 언급하는 것이 좋다. 청중은 자기 자신과 자신이 하는 일에 관심이 있다. 따라서 즉석연설은 다음 세 가지에서 이끌어낼 수 있다.

첫째, 그 자리에 참석한 청중에 대해 이야기한다. 모인 청중이 어떤 사람들인지 얘기하고 그들의 훌륭한 점을 언급한다. 특히 그들이 지역공동체나 인류 사회를 위해 공헌한 부분이 있다면 이야기한다.

둘째, 모임의 성격에 대해 언급한다. 그 모임이 만들어진 계기를 되짚어보는 것도 좋은 화제가 된다. 모임이 감사를 위한 모임인지, 연중 모임인지, 정치적인 모임인지 그 성격을 이야기하면 호응을 얻을 수 있다.

셋째, 앞서 다른 연사가 한 말을 받아 이야기한다. 당신이 주의 깊게 들었던 얘기를 연장하고 확대해서 그 의견에 동의를 표하는 동시에 덧붙여서 얘기할 수도 있다.

가장 성공적인 즉석연설은 그 자리에 참석한 청중과 모임의 상황에 대한 느낌을 있는 그대로 표현하는 것이다. 그런 연설은 꼭 맞는 장갑처럼 그 상황에 가장 잘 어울린다. 오직 그 상황에 맞춤한 연설이기 때문이다. 그리고 바로 여기에 즉석연설의 매력이 있다.

즉석연설은 행하는 그 순간에 활짝 피어나고, 고결한 장미처럼 절정의 순간을 지나면 빛을 잃는다. 그렇지만 청중이 맛본 즐거움은 긴 여운으로 남고, 당신은 곧 연설 잘하는 사람으로 인정받게 된다.

즉흥적으로 하지 말라

'즉석'이라고 해서 아무 말이나 쓸데없이 나열해서는 안 된다. 장황하게 늘어놓아 서로 조리가 맞지 않거나 설득력 없는 말을 마구 나열하는 것은 아무 의미가 없다. 당신이 전하고자 하는 요지를 중심으로 이야기를 엮어 나가야 한다. 여러 사례를 들어 설명하는 것도 이 중심 개념과 연관되어야 한다. 당신이 즉석연설을 열정적으로 하면 미리 준비한 연설과는 전혀 다른 활력과 효과를 실감할 수 있을 것이다.

만일 어떤 사안에 대한 논평이나 시사성 있는 의견을 말해야 한다면 다른 연사들의 말을 경청해야 하고, 나름대로 자기 생각을 간단하게 요약할 수 있어야 한다. 그리고 순서가 되면 침착하게 자신의 견해를 밝히면 된다.

건축과 산업 디자이너인 노먼 벨제디스는 자리에서 일어서지 않으면 생각을 말로 표현할 수 없다고 말하곤 했다. 그는 건물이나 전시회에 관련해 동료들과 복잡한 계획을 토론할 때면 괜스레 사무실 안을 왔다 갔다 하곤 했는데, 그로서는 그것이 최선이었다. 그는 오히려 앉아서 이야기하는 법을 배워야만 할 지경이었다. 그러나 우리 대부분은 이와는 정반대다. 일어서서 말하는 법을 배워야 하고, 훈련만 하면 물론 잘 해낼 수 있다.

짧은 연설을 할 때는 시작을 어떻게 하느냐가 문제다. 일단 시작했으면 그다음으로 넘어가고, 그다음으로 또 그다음으로…… 차근차근 해낼 수 있다. 이렇게 노력하다 보면 말을 더 잘하게 되었음을 실감하게 되고, 하면 할수록 실력이 늘고 연설의 질도 좋아지는 것이다. 그리고 여러 사람들 앞에서 하는 즉석연설도 결국에는 자기 집 거실에서 친구들에게 생각나는 대로 말하는 것과 별 차이가 없고, 그것을 좀 더 확장한 정도에 불과하다는 사실을 알게 된다.

Part 4
—
의사전달의
기술

제11장
말 잘하는 방법

연설자의 표현력은 청중과 함께할 때 고양되고, 함께 주제를 교감하려는 강한 열의가 있을 때 반짝인다.

나는 처음 화술 강좌를 시작했을 때 목소리의 울림을 연구하고 음역을 확장하는 법과 유창한 발성법을 가르치는 데 많은 시간을 허비했다. 그러나 오래지 않아 성인들에게 그런 것들을 가르치는 것이 무의미하다는 것을 깨달았다.

물론 3~4년씩 투자해서 목소리를 더 좋게 연마하는 사람도 있을 것이다. 그러나 내 수강생들은 타고난 목소리를 잘 활용하는 방법이 더 절실했다. 횡격막 호흡을 배우는 데 쓸 시간과 열정을 그보다 훨씬 더 중요한 자의식을 극복하는 데 쓴다면 더 놀랄 만한 성취를 얻을 수 있다고 장담한다.

자의식이라는 껍데기를 깨뜨려라

내 강의 교육과정에는 지나친 자의식 때문에 움츠리는 성인들을 해방시키기 위한 과목이 몇 개 있다. 나는 수강생들에게 진실로 호소했다. 껍데기를 깨고 밖으로 나오라고. 그러면 세상은 진심으로 두 팔 벌려 환영할 것이라고. 물론 말처럼 쉬운 일은 아니겠지만 충분히 해볼 만한 가치가 있다.

하지만 자의식을 깨뜨리는 것은 전쟁의 전술처럼 개념은 간단해도 수행과정은 매우 복잡하다. 무엇보다도 가장 큰 문제는 딱딱하게 경색되는 것이다. 몸만 굳는 것이 아니라 정신까지도 뻣뻣해지는 것이 문제인데, 이것은 사람이 성장하면서 완고해지는 부분의 일부라고 볼 수 있다.

청중 앞에서 자연스럽게 행동하는 것은 쉬운 일이 아니다. 이 점은 무대에 서는 것이 직업인 배우들이 잘 알고 있다. 다섯 살 정도의 아이 때를 떠올려보면, 큰 어려움 없이 연단에 서서 자연스럽게 얘기할 수 있었을 것이다. 그렇지만 스무 살이 되고 더 나이가 들어서 연단에 올라가서 말하려고 하면 어떨까? 아이 때의 무의식적인 자연스러움이 남아 있는가? 더러 그런 사람도 있겠지만 십중팔구는 뻣뻣하게 굳어서 기계적인 말만 할 것이고, 자꾸만 거북이처럼 등딱지 속으로 목을 움츠리게 될 것이다.

일반 성인에게 화술을 가르치고 훈련시킨다는 것은 한 개인의 고유한 특징에 약간의 부수적인 테크닉을 더해주는 것으로서 크게 문제는 없다. 그것보다는 마음속의 보이지 않는 장애를 제거하여 본래의 자연스러움을 회복해주는 것이 가장 어렵다.

거듭 당부하건대 인간답게 말해야 한다. 나는 수강생들이 어떻게든 자연스럽게 말하도록 훈련하느라 거의 녹초가 되어 귀가할 때가 한두 번이 아니다. 그만큼 힘든 일인 것이다.

나는 수시로 수강생들에게 소설이나 연극의 내용을 대화체로 말해보라고 하고, 사투리를 구사해보라고 할 때도 있다. 자기를 좀 더 극적인 상황에 투입해보라고 요구하는 것이다. 그러면 서툴고 우스꽝스런 동작이 나오더라도 매우 즐거워하며, 자신의 망가지는 모습에도 별로 개의치 않는다는 것을 알 수 있다. 또 클래스의 동료들은 어느 수강생이 뛰어난 연기력을 갖고 있는 것을 발견하고 아주 즐거워한다.

이렇게 한번 자신의 껍데기를 깨뜨리는 데 익숙해지면 그다음부터는 맨투맨이나 대중 앞에서 말해야 할 상황이 닥치더라도 쉽게 움츠러들지 않는다. 당신이 갑작스레 느끼게 되는 이 해방감은 새장 속에 갇혀 있던 새가 자유롭게 창공을 나는 즐거움에 비유할 수 있다.

자신만의 개성을 살려라

나는 어떤 사항에서도 재미있게 이야기하고, 자기를 표현하는 데 거리낌이 없으며, 개성 넘치며 창의적인 방법으로 하고 싶은 말을 하는 사람에게 존경을 보낸다.

나는 제1차 세계대전 직후 런던에서 로스 스미스 경 형제를 만났다. 두 사람은 최초로 런던에서 호주까지 장거리 비행에 성공하여 호주 정부로부터 5만 달러의 상금을 받았다. 당연히 영국에서도 큰 화제가 되었고 기사 작위까지 받았다. 또 사진작가 헐리 대위가 이 비행에 동참하여 다큐멘터리 필름을 촬영했고, 나는 형제에게 이 영화 필름을 활용하여 여행담을 연설할 수 있도록 훈련시켰다. 그래서 스미스 형제는 런던의 필하모닉 홀에서 오후와 밤에 두 번씩 연설하게 되었다.

생긴 모습이 똑같은 두 형제는 세상의 절반을 나란히 앉아서 비행했다. 그리고 거의 똑같은 말을 했다. 그런데도 두 사람이 말하는 내용은 전혀 똑같지가 않았다.

확실히 연설에는 말 말고도 뭔가 특별한 것이 필요하다. 재미와 흥이 함께 전달돼야 하는 것이다. 그래서 어떤 이야기를 하느냐보다 어떻게 이야기하느냐가 중요하다.

러시아의 위대한 화가인 브률로프가 제자의 그림을 수정해준 적이 있었다. 제자는 잠깐 사이에 수정된 그림을 보고 깜짝 놀랐다.

"오! 선생님이 약간 다듬으셨을 뿐인데 완전히 다른 그림이 됐네요."

브률로프가 말했다.

"예술이란 이렇게 미묘한 차이에서 시작되는 것이지."

연설도 마찬가지다. 영국 의회에 전해지는 옛 격언에 "모든 것은 발언자가 말하는 내용이 아니라 그의 태도에 따라 결정된다."라는 말이 있다.

포드자동차는 '포드에서 만든 차는 다 똑같다'는 캐치프레이즈를 내걸었지만, 사람은 그럴 수가 없다. 세상에 똑같은 사람은 하나도 없다. 우리는 이 점을 분명히 명심해야 한다. 자기를 다른 사람과 구별할 수 있는 나만의 개성을 찾아 개발해야 한다. 사회나 학교는 그런 특징을 다림질하듯이 곱게 펴서 밋밋하게 만들려고 할지도 모른다. 집단은 한 개인을 모두 똑같은 틀에 집어넣으려는 경향이 있기 때문이다. 하지만 그럴수록 자신만의 개성을 절대 잃어서는 안 된다.

한 사람 한 사람의 독특한 개성은 화술에서도 매우 중요하다. 사람은 누구나 두 개의 눈과 하나의 코와 입을 가지고 있다. 그러나 당신과 똑같은 사람은 한 명도 없다. 당신의 기질과 행동을 똑같이 이야기하고 표현하는 사람도 없다. 마찬가지로 당신이 당신다운 연설을 할 때 똑같이 말하고 표현하는 사람은 있을 수 없다. 그래서 연설자에게 개성은 다른 무엇보다 소중한 자산이다. 그것을 소중히 여기고 집중해서 발전시켜야 한다. 그것이 곧 당신의 이야기에 힘을 불어넣고 진실을 상징하는 불꽃이 될 것이다.

자연스럽게 교감하라

알프스에 있는 여름 휴양지 뮈렌에 갔다가 런던에 있는 회사가 운영하는 호텔에 머물게 되었다. 그 호텔에서는 주말마다 두 명의 강사를 초청하여 투숙객들을 대상으로 강연을 개최했다. 그 강사 중에는 영국의 유명한 여류작가도 있었다.

그녀의 강연 주제는 '소설의 미래'였는데 자신이 선택한 주제는 아니라고 고백했다. 그래서인지 그녀에게는 연설자의 열정이나 진실성을 찾아볼 수 없었다. 대충 휘갈겨 쓴 메모를 읽었고, 듣는 사람들과는 눈도 마주치지 않았으며, 가끔씩 공허한 시선으로 먼 곳을 바라보곤 했다. 목소리에도 힘이 없었고 마치 허공에 대고 말하는 것 같았다.

강연이 이런 식이 돼서는 곤란하다. 이것은 그냥 독백이라고 하는 편이 나았다. 청중과 교감하며 소통한다는 느낌이 전혀 들지 않았다. '서로 통한다'는 느낌이야말로 연설의 첫째 조건인데도 말이다. 그녀처럼 강연할 생각이라면 차라리 아무도 없는 사막에 가서 혼자 지껄이는 편이 나으리라.

1920년대 이후 완전히 새로운 연설법이 등장했다. 시대적 흐름을 반영한다는 점에서 새로운 연설법은 현대적이고 직접적이며, 자동차처럼 실용적이고, 효과적인 광고처럼 능률적이다. 말재주나 부리던 과거의 방식은 이제 청중으로부터 외면당하는 퇴물이 되어버렸다.

오늘날의 청중은 회의실에 모인 10명이든, 대형 강당에 운집한 1000명이든 상관없이 연설자가 평소 잡담을 나누듯이 직접적으로 말해주기를 원한다. 청중 가운데 누군가와 대화를 나누듯이 친근하게, 그러면서도 주제에 맞게 좀 더 열정적이고 힘찬 연설을 듣고 싶어 한다.

한두 명을 대상으로 할 때보다는 40~50명의 청중에게 말할 때 훨씬 힘주어 말해야 한다. 그것은 마치 건물 옥상에 세우는 동상을 지상의 사람에게 실물과 같은 크기로 보여주려고 거대하게 하는 것과 마찬가지다.

마크 트웨인이 네바다주의 한 광산촌에서 연설을 마쳤을 때 한 광부가 다가와서 물었다.

"선생은 항상 그렇게 자연스런 목소리로 강연합니까?"

청중이 원하는 것이 바로 이것이다. '자연스런 목소리로 말하는 것'을 조금 확대한 것!

연설 도중에 자신이 이 자연스러움을 잃고 딱딱하게 연설하고 있다는 사실을 깨닫는다면 잠시 중단하고 속으로 엄격하게 꾸짖어야 한다.

'이봐! 지금 뭐 하고 있는 거지? 정신 차려! 인간답게 말하라고!'

그리고 청중 가운데 뒤쪽에 앉아 있거나 가장 심드렁한 태도를 보이는 사람을 찾아내서 마음속으로 그에게 말을 걸어보는 것이다. 다른 청중은 다 잊고 오직 그 한 사람과 대화를 나눈다. 그가 질문하고, 그 질문에 답할 사람은 오직 당신뿐이라고 생각한다. 그러면 당신의 연설이 한결 직접적이고 자연스럽게 될 것이다.

또 실제로 질문을 던지고 당신이 대답하는 방법도 있다.

"이 대목에서 여러분은 제 주장을 납득시킬 만한 어떤 증거가 있는지 궁금하실 겁니다. 물론 있습니다. 그것도 아주 확실한 증거가……."

그러면 단조롭던 연설 분위기가 바뀌고, 이를 계기로 청중과의 관계가 화기애애하게 변할 수도 있는 것이다.

상공회의소에서 연설할 때도 편하게 아는 사람과 얘기하듯이 하면 된다. 상공회의소의 모임이란 게 뭔가? 결국 상공인 친구들의 모임 아닌가? 그 친구들과 개별적으로 말할 때처럼 하면 큰 어려움 없이 해낼 수 있는 것이다.

앞서 여류작가의 연설 태도를 비판했는데, 며칠 후 그녀가 연설했던 똑같은 장소에서 올리버 로지 경의 강연을 즐겁게 듣게 되었다.

연설 주제는 '원자의 세계'였다. 로지 경은 그 주제에 대해서 반세기에 걸친 고찰과 연구와 실험에 몰두해왔다. 그는 자신의 사고와 정신과 생명의 일부가 되어 있는 그 무엇, 진심으로 전달하고 싶은 본질적인 무엇에 대해 이야기하려고 했다. 그는 강연 중이라는 사실도 잊어버린 듯했다. 그런 건 조금도 마음 쓰지 않았다. 그가 오직 신경 썼던 것은 청중에게 원자에 대해 정확하고 명쾌하게 자기주장을 실어서 이야기하는 것뿐이었다. 그는 자신이 보고 느꼈던 것을 진심으로 우리에게 전달하고 싶어 애쓰고 있었다.

로지 경의 강연은 말 그대로 하나의 멋진 작품이었다. 매력적이고 강렬했으며 청중에게 깊은 감명을 주기에 충분했다. 그는 비범한 연설 능력을 지녔지만 정작 본인은 그 사실을 모르고 있었다. 또 그의 강연을 들은 사람들도 그를 대중연설가로 생각할 사람은 아무도 없었을 것이다.

당신의 연설을 들은 사람들이 당신을 화술 훈련을 받은 사람이라고 생각하게 하는 것은 좋지 않다. 더욱이 나와 우리 강사들에게 그것은 거의 불명예에 가깝다. 당신이 정식으로 훈련받았다는 사실을 청중이 꿈에도 생각하지 못할 정도로 자연스럽게 연설하는 것이야말로 우리가 진정으로 소망하는 것이다.

잘 닦인 유리창은 그 자체로는 아무 주의를 끌지 못한다. 그저 빛만 투과시킬 뿐이다. 훌륭한 연설자도 마찬가지다. 그의 연설이 너무나도 자연스러워서 청중은 그의 말투나 행동에 주의를 기울이지 않는다. 오직 그가 전달하는 내용만을 의식하게 된다.

연설에 진심을 담아라

진지한 열의와 성실한 모습은 연설자를 돋보이게 한다. 사람이 감정에 몰입하면 진실한 모습이 밖으로 드러난다. 그러면 감정의 불꽃이 경계를 태워버려 청중과 연설자 사이의 장벽이 사라지게 된다. 이제 그는 무의식적으로 행동하고 무의식적으로 말한다. 즉 자연스러운 모습이 되는 것이다. 그래서 이 문제도 결국 지금까지 되풀이해서 강조했듯이 연설에 마음을 담으라는 말로 요약할 수 있다.

딘 브라운은 예일 신학대학에서 설교에 관하여 이렇게 강의했다.

언젠가 런던의 교회에서 조지 맥도널드라는 친구가 한 설교를 지금도 잊지 못합니다. 그날 아침 설교는 〈히브리서〉 제11장의 말씀에 관한 것이었습니다. 그가 말했습니다.

"여러분 모두 이 믿음의 조상들에 대해 잘 알고 계실 겁니다. 저는 이 자리에서 신앙이 무엇인지 새삼 논하고 싶지 않습니다. 그런 건 저보다 박학하신 신학자분들이 많이 계시니까요. 그럼에도 제가 이 자리에 선 것은 조금이라도 여러분의 신앙생활을 돕고 싶어서입니다."

그러고는 영원하면서도 눈에 보이지 않는 믿음에 대하여 간략하면서도 너무나도 절실하게 설교했던 것입니다. 그의 이야기는 참 진실했고 다정다감했습니다. 그의 설교는 한없이 순수하고 아름다운 내적 생활에 뿌리를 두고 있었기 때문입니다. 그리하여 설교를 듣는 신도들은 모두 마음에 믿음의 싹을 틔웠습니다.

비밀은 그의 설교에 '진정성이 들어 있다'는 것이다. 그럼에도 이런 조언이 일반적이지는 않다는 것을 나는 알고 있다. 너무 모호하고 막연하게 들리기 때문이다.

사람들은 누구나 쉽게 알 수 있는 규칙, 뭔가 명확한 것, 손으로 만질 수 있는 무엇, 자동차를 움직이는 것처럼 분명한 원리를 원한다. 그것이 청중이 원하는 것이고 내가 청중에게 들려주고 싶은 것이다.

물론 방법이 전혀 없는 것은 아니다. 다만 이 법칙에는 한계가 뚜렷하고, 연사의 자발성과 연설 특유의 생명력을 앗아가버릴 가능성이 높다는 점이다. 나 역시도 젊은 시절 그런 법칙을 구사하다가 많은 시간을 낭비했다. 이제 그런 법칙은 별로 쓸모가 없다.

영국의 정치이론가 에드먼드 버크는 논리적이며 문장으로도 훌륭한 연설문을 남겼다. 그래서 그의 연설문은 오늘날까지도 각 대학에서 전형으로 삼아 연구하고 있다. 그렇지만 연사로서의 버크는 거의 실패했다. 주옥 같은 연설문은 있으나 그것을 재미있고 힘 있게 전달하는 능력은 결여돼 있었던 것이다. 당시에 그의 별명은 '저녁 종소리'였다. 그가 연설을 하기 위해 단상에 서면 다른 의원들은 헛기침을 하고 몸을 비비 트는가 하면, 딴 전을 피우고 아예 우르르 자리를 뜨기도 했다.

강철로 된 탄환이라도 맨손으로 던지면 상대방의 옷에 흠집 하나 낼 수 없다. 그렇지만 탄환 대신 양초를 쏘더라도 뒤에 화약을 넣고 발사한다면 두꺼운 판자도 꿰뚫을 수 있는 것이다. 강철 탄환처럼 훌륭한 연설에 열정과 흥분이 뒷받침되지 않아서 화약을 넣은 양초보다도 못한 효과를 낸다는 것은 몹시 유감스런 일이 아닐 수 없다.

목소리도 연습이 필요하다

우리는 말할 때 목소리와 동작 등 다양한 요소를 활용한다. 어깨를 움츠리거나, 눈썹을 찡그리거나, 목청을 크게 하거나, 억양을 변화시키기도

하고 말을 빨리 하기도 한다. 그렇지만 이런 것은 원인이 아니라 결과다. 즉 다양한 표정과 변화무쌍한 억양은 정신과 감정 상태에 직접 영향을 받는다. 그래서 주제를 선택해서 청중 앞에 섰을 때 연사 스스로가 흥분돼야 하는 것이다. 그리고 이것이 청중과 진심으로 주제를 교감하고 싶다고 간절히 원해야 하는 이유가 된다.

사람은 성장함에 따라 어린 시절의 순수하고 자연스런 모습을 잃어버리면서 몸짓이나 말로 대화할 때 어떤 틀에 맞추려는 경향이 있다. 그래서 활달한 몸짓이 줄어들고 목소리를 높이거나 낮추는 일도 거의 없다. 당연히 신선하고 활달한 대화를 나눈다는 느낌이 들지 않는다.

모름지기 좋은 연설자란 어휘력을 키우고, 비유적인 표현과 다양한 변주를 구사하여 좌중을 압도할 수 있는 사람이다. 목소리 크기와 억양을 달리하는지, 말하는 속도는 어떤지 스스로 평가해보는 것도 좋은 방법이다. 이때 녹음기를 사용하면 많은 도움이 된다. 객관적으로 평가해줄 만한 친구가 있다면 부탁해보는 것도 좋겠다. 명심할 것은, 청중 앞에 서기 전에 충분히 연습해야 한다는 것이다. 실제 연설을 하면서 자기 목소리와 동작에 신경을 쓰다가는 자칫 참담한 결과를 초래할 수도 있다.

연설을 시작하면 오직 연설 내용과 청중의 반응에만 신경을 집중해야 한다. 정신적으로나 감정적으로 열의를 가지고 청중에게 모든 것을 쏟아부어야 한다. 그러면 훨씬 강렬하고 설득력 있는 연설을 하게 될 것이다.

Part 5

**연설의 여러 단계에
도전한다**

제12장
수상식장의 연설

이번 장에서는 앞에서 언급한 원칙과 방법들을 일상에서 적용하는 법, 즉 사교적인 대화 모임에서 공식적인 연설에 이르기까지 어떻게 적용하는지 살펴보겠다.

이제 막 화술 훈련을 마친 당신이 처음으로 연설을 시작한다고 하자. 아마도 다른 사람을 소개하거나 좀 더 길게 말해야 할 경우가 될 것이다. 따라서 소개말 하기와 긴 대화를 해야 할 때 서론부터 결론까지를 구성하는 과정에 대해 살펴보겠다. 그리고 마지막으로, 배운 것을 적용하는 항목에서는 이 책에서 말하는 원칙들이 대중연설뿐만 아니라 일상 대화에서도 유용하다는 점을 다시 한 번 강조하려고 한다.

공식석상에서 마이크를 잡는 경우는 몇 가지가 있다. 다른 연설자를 소개하거나, 공지사항을 말하거나, 재미있는 멘트로 분위기를 띄우거나, 청중에게 확신을 주고 설득하기 위한 연설이 될 것이다. 또 더러는 작은 모임의 사회를 맡을 수도 있고, 부인회의 멤버로서 다음 모임의 주빈을 인사시킬 경우도 있을 것이다. 긴 연설을 준비하는 요령은 뒤로 미루고, 여기서는 남을 소개하는 짧은 연설에 대해 말하고, 상을 주고받을 경우를 대비한 요령도 제시해보겠다.

작가이자 연설가인 존 브라운 씨는 강연 때마다 좌중을 사로잡기로 유명한 인물이다. 그는 어느 날 저녁 연설에 앞서 자기를 소개해줄 사회자와 담소를 나누고 있었다. 사회자가 브라운 씨에게 말했다.

"무슨 얘기든 그냥 편하게 하십시오. 저는 외워서 말하는 건 좋지 않다고 생각합니다. 아니, 뭘 준비한다는 자체가 마뜩지 않아요. 그러면 진짜 즐거움을 망쳐버리니까요. 전 그저 상황에 맞춰서 즉석에서 떠오르는 멋진 영감을 기다립니다. 그러면 낭패 보는 일이 없으니까요."

사회자의 노련함에 안심이 된 브라운은 그가 자기를 멋지게 소개할 줄 알았다. 하지만 막상 그 사회자가 자기를 소개하는 말을 듣고는 그만 아연실색하고 말았다.

여러분, 잠깐 주목해주십시오. 오늘 밤에는 여러분께 좋지 않은 소식을 전해드려야겠습니다. 우리는 처음에 아이작 F. 마코슨 씨에

게 강연을 요청했습니다. 그런데 그분이 오시지 못했습니다. 때마침 감기몸살을 앓게 되셨다지 뭡니까?(박수)

그래서 어쩔 수 없이 브레드리지 상원의원에게 급하게 연락을 했습니다만…… 바쁜 일정 때문에 도저히 시간을 뺄 수 없다더군요.(박수)

마지막으로 캔자스시티의 의사이신 로이드 그로건 박사에게 연락했습니다만, 그분도 선약이 있답니다……. 괜히 헛수고만 했지 뭡니까?(박수)

그래서 대신에, 대신이라고 하면 약간 어폐가 있습니다만, 부득불 이 자리에 계신 브라운 씨를 모셨습니다.(조용)

여러분! 박수로 환영해주십시오. 브라운 씨를 소개합니다!

훗날 존 브라운은 그 생각지도 못했던 봉변을 당했던 순간을 떠올리면서 이렇게 말했다.

"그 망할 놈의 영감(靈感)주의자는 그래도 내 이름은 틀리지 않더군."

자기 영감을 지나치게 확신한 사회자의 오만하고 무례한 실수였다. 그런 일은 일부러 하려고 했어도 그 이상 엉망으로 만들 수는 없었을 것이다. 그는 소개할 연설자와 그 얘기를 들어야 하는 청중 모두에게 자신의 의무를 방기한 것이다.

다른 사람을 소개하는 연설의 목적도 정식 연설과 다르지 않다. 연사와 청중을 결합시키고 화기애애한 분위기를 조성해야 한다. 그래서 양자 간에 서로에 대한 관심을 유도해야 하는 것이다.

"사회자는 연설할 필요가 없다. 그저 연사를 소개해주는 역할로 충분한 것이다."

이렇게 말하는 사람은 사회자의 연설을 지나치게 간과하고 있다. 마찬가지로 많은 사람들이 소개말을 대수롭지 않게 여기는데, 아마도 소개말을 준비하고 진행하는 사회자들이 이 일을 하찮게 여기고 경시하기 때문일 것이다.

소개(introduction)라는 단어는 라틴어 'intro(안쪽)'와 'duction(인도하다)' 두 단어의 합성어다. 그러므로 소개말은 화제의 안쪽으로 대상을 안내해서 무슨 이야기가 나올지 흥미를 갖고 귀를 기울이게 해야 한다는 것이다. 그것은 연설자가 이 특별한 주제를 논하는 데 적격임을 청중에게 알리는 것이다. 즉 사회자는 청중에게 화제를 '파는' 동시에 연설자를 '팔아야 하는' 것이다. 그것도 가능한 한 짧은 시간에 해내야 한다.

하지만 현실은 어떤가? 다들 그렇게 하고 있는가? 내 대답은 절대 "No!"다. 소개말을 너무 하찮게 끝내버리고, 지나치게 형식적이며, 용서가 안 될 정도로 무성의하게 넘겨버린다. 그래서는 안 된다.

만일 소개하는 사람이 자기 역할의 중요성을 깨닫고 최선을 다해 노력한다면 어떻게 될까? 곧 행사의 책임자나 큰 모임의 주빈이 돼달라는 요청을 받게 되는 것도 시간문제일 것이다.

철저하게 준비해서 말한다

연설자를 소개할 때 주어지는 시간은 기껏해야 2~3분에 불과하다. 그래서 더욱 신중하게 준비해야 한다. 그러려면 먼저 연사의 이름과 이력, 연설의 주제 정도는 파악하고 있어야 한다. 더러는 한 가지를 더 추가할 수도 있는데, 연설자의 주제가 왜 특별히 청중의 관심을 끌게 되었는가 하는 정도가 될 것이다.

진행자는 연사가 준비한 연설의 제목과 주제를 청중에게 전달해줄 의무가 있고, 그것이 청중과 어떤 관련이 있는지도 언급해야 한다. 이때 필요한 자료는 연설자에게 직접 알아내야 한다. 만약 정보를 제3자한테서 얻었다면 연설 직전에라도 제공받은 내용이 정확한지 연설자에게 직접 확인해야 한다.

연설자의 이력은 인명록을 통해 알아낼 수 있고, 그가 속한 직장의 홍보 담당자나 인사과에 문의해서 알아낼 수도 있다. 분명한 것은 연설자의 경력을 정확히 알고 있어야 한다는 점이다. 하지만 연설자의 이력을 너무 많이 나열하면 청중은 지루해한다. 연설자가 박사라면 학력을 소개할 때 학사 및 석사학위까지 언급하는 것은 쓸데없는 짓이다.

또한 그가 오늘날까지 역임한 직위를 모두 말하는 것보다는 현재 맡고 있는 최고 직함을 알려주는 것이 좋을 것이다. 더욱이 특별히 중요하지도 않은 내용을 먼저 소개하다가 그 사람의 최대 업적을 빠뜨리는 실수를 해서는 안 된다. 예를 들어 아일랜드의 시인이자 세계적인 명사인 예이츠를 소개하는 말을 들은 적이 있다. 이미 3년 전(1923년)에 노벨문학상을 수상한 예이츠는 그날 자작시를 낭송하기로 되어 있었다.

그런데 그 자리에 모인 청중 가운데 노벨상의 가치에 대해 알고 있는 사람은 10퍼센트도 안 되었다. 사회자는 어떻게든 노벨상의 권위와 중요성을 언급했어야 했다. 충분히 널리 알릴 만한 사실이었기 때문이다. 하지만 사회자는 그런 사실들은 깡그리 무시한 채 엉뚱하게도 신화와 그리스 시에 관해서만 떠벌리고 있었다.

또한 사회자는 무엇보다도 연설자의 이름을 정확하게 발음해야 한다. 실제로 존 메이슨 브라운을 존 브라운 메이슨이라고 잘못 소개하기도 하고, 심지어는 존 스미스 메이슨으로 소개한 일도 있었다.

사전준비는 확실히 하기 위해서 하는 것이다. 오직 확실한 정보만이 소개말의 목적인 청중의 관심을 고조시키고, 청중으로 하여금 연설자의 이야기를 받아들일 준비를 하게 해준다.

T-I-S 공식을 따른다

연설자를 소개할 때, 'T-I-S 공식'을 적용하면 미리 수집한 정보를 정리하는 데 요긴하다. 그렇다면 T-I-S부터 살펴보자.

첫째, T는 Topic(화제)이다. 연사를 소개할 때 그가 말하고자 하는 주제를 청중에게 정확하게 전달해준다.

둘째, I는 Importance(중요성)이다. 이야기의 주제가 청중의 이해관계에 어떤 영향을 끼칠지를 설명해주어야 한다.

셋째, S는 Speaker(연설자)이다. 사회자는 연설할 사람이 어떤 부분에서 탁월하고, 어떠어떠한 자격을 갖추었는지를 설명해준다. 그리고 마지막으로 연설자의 이름을 정확하게 호명하도록 한다.

이 공식에는 당신의 상상력을 활용할 여지가 많다. 소개연설이라고 해서 너무 간결하거나 무미건조할 필요는 없다.

여기서, 공식 같은 느낌을 주지 않으면서도 공식을 잘 따른 소개연설 하나를 살펴보자. 신문 논설위원인 호머 숀이 신문 관계자들에게 뉴욕 전화회사의 이사인 조지 웰봄을 소개한 말이다.

오늘 초청한 분께서 발표하실 주제는 '전화는 사람을 이롭게 한다'입니다. 우리는 전화를 걸 때마다 더러 의문에 휩싸이곤 합니다. 번호를 제대로 돌렸는데 왜 엉뚱한 곳으로 연결되는 것일까? 뉴욕에서 시카고에 건 전화가 왜 언덕 너머 마을에 거는 것보다 빨리 연결되는 걸까? 이런 것들 말입니다.

오늘 모신 연사께서는 이런 의문점들뿐만 아니라 그 밖의 여러 가지 궁금증에 대해서도 쉽게 대답해주실 것입니다. 왜냐하면 이분은 지난 20년간 전화와 관련된 모든 분야를 두루 거치셨기 때문입니다. 최근 전화 때문에 골치 아픈 일이 있었던 분들은 모두 물어보시면 됩니다.

이제부터 웰봄 씨가 전화회사가 우리에게 어떻게 봉사하고 있는지 자세하게 말씀해주시겠습니다. 여러분, 뉴욕 전화회사의 부사장인 조지 웰봄 씨를 소개합니다.

호머 손은 재기 넘치는 말솜씨로 청중으로 하여금 전화에 대해 생각할 수 있도록 관심을 유도했다. 또한 청중에게 한두 가지 질문을 던짐으로써 호기심을 불러일으켰고, 청중이 궁금해하던 것들을 웰봄이 친절하게 대답해 줄 것이라고 넌지시 암시했다.

이런 소개연설은 미리 써둔다든가 암기해서는 절대 안 된다. 암기한 내용을 잊어버리기라도 한다면 당황하다가 초청연사의 체면을 깎는 말을 하거나 잘못된 정보를 전달할 수도 있다.

배우이자 극작가인 코넬리아 오티스 스키너가 어느 저녁 모임에서 사회자에게 소개받을 때의 일이다. 사회자가 그만 암기한 멘트를 잊어버린 모양이었다. 그는 한동안 당황하더니 이내 깊은 한숨을 내쉬고는 이렇게 말했다.

"사실은 오늘 연사로 버드 제독을 모실 계획이었습니다만, 그분은 사례비가 너무 비싸기 때문에 어쩔 수 없이 코넬리아 오티스 스키너 양을 모시게 되었습니다."

소개연설은 상황에 맞게 자연스럽게 우러난 말이어야 한다. 미리 준비한 요점자료에 적당히 살을 붙여나가듯 느긋하고도 부드러운 말을 사용해야 한다.

앞서 인용한 웰봄의 소개말에는 "저로서는 큰 영광입니다." 따위의 상투적인 표현이 없다. 연설자를 등장시킬 때 가장 좋은 방법은, 마지막에 연설자를 호명하면서 "〇〇씨를 소개합니다."라고 선언하듯이 말하는 것이다.

소개연설을 너무 길게 하면 청중의 반감을 산다. 또 본분을 망각하고 연설자와 청중에게 자기를 내세우거나 열변을 토하는 사회자도 있다. 가당치도 않은 농담을 던져 비웃음을 사거나, 연설자의 시시콜콜한 것까지 들먹이며 언짢은 분위기를 연출하는 것도 금물이다.

T-I-S 공식의 응용

T-I-S 공식을 충실히 따르면서도 개성을 잃지 않는 또 다른 좋은 예가 있다. 에드거 L. 사더딕이 과학교육자이며 편집자인 제럴드 벤트를 소개하면서 공식의 세 가지 요소를 어떻게 활용했는지 주목해보자.

오늘 강연자께서 말씀해주실 '오늘날의 과학'이라는 제목은 참으로 중요한 문제를 담고 있습니다. 저는 이 제목을 듣고, 자기 몸 속에 고양이가 들어 있다는 망상에 시달리던 한 정신질환자의 이야기가 떠오릅니다. 의사는 온갖 방법으로도 환자의 증세가 나아지지 않자 '거짓수술'을 시도했습니다. 그리고 얼마 후 환자가 깨어나자 그 환자에게 검은 고양이를 보여주었죠. 그러고는 고양이를 꺼냈으니 이젠 안심해도 좋을 거라고 위로했습니다. 그런데 그 환자는 이렇게 말하는 겁니다.

"선생님, 저를 괴롭히는 놈은 잿빛 고양이인데요?"

오늘날의 과학도 이와 비슷하다고 할 수 있습니다. U-235라는 고양이를 잡으려고 하면 엉뚱하게도 넵튜늄이나 플루토늄, U-233 등 별의별 종류의 새끼 고양이들을 발견하게 됩니다. 또 최초의 원자과학자라 할 수 있는 고대의 연금술사는 죽음을 목전에 두고도 우주의 신비를 탐험하기 위해 목숨을 하루만 더 연장해달라고 하소연했습니다. 그러나 오늘날은 어떻습니까? 과학자들은 우리가 결코 상상하지도 못했던 비밀들을 속속 밝혀내고 있습니다.

오늘 우리가 모신 분은 과학의 현재와 미래에 대해 정확히 알고 계신 분입니다. 선생께서는 시카고 대학의 화학과 교수를 역임하셨고, 현재 펜실베이니아 주립대학의 학장이시며, 오하이오주 콜럼버스에 있는 베틀레 산업연구소 소장으로도 재직 중이십니다. 정부기관의 요직도 지내셨고 잡지의 편집위원이시며 저술활동도 활발하게 펼치고 계십니다. 선생은 아이오와주 데번포트에서 태어나셨고 하버드 대학에서 학위를 취득하셨습니다.

선생은 특히 과학 분야의 원고를 많이 쓰셨는데 그 일부가 교과서로 채택되기도 했습니다. 대표 저서로는 《내일의 세계를 위한 과학》을 꼽을 수 있습니다. 선생은 또 《타임》《라이프》《포천》《마치 오브 타임》 등의 편집고문으로서, 선생의 과학뉴스에 대한 해설은 광범위한 독자층을 확보하고 있습니다. 선생이 쓴 《원자시대》는 1945년 일본 히로시마에 원자폭탄이 투하된 지 10일 만에 세상에 나온 책입니다.

선생은 평소 "최선의 것은 아직 나오지 않았다."고 말씀하셨습니다. 저는 오늘 이 자리에서 《사이언스 일러스트 레이티드》의 편집장이신 제럴드 벤트 박사를 소개하게 되어 무척 자랑스럽습니다. 여러분께서도 선생의 말씀을 즐겁게 들어주시리라 믿습니다.

얼마 전까지만 해도 사회자가 연사를 소개할 때, 실제 이상으로 부풀려서 칭찬하는 것이 일종의 관례였다. 그러면 연설자는 사회자가 쏟아놓는 말의 꽃다발에 파묻혀버린다. 가련한 연설자는 과중한 찬사에 치여 오히려 움츠러들 수밖에 없다. 지나치게 찬사를 늘어놓아도 안 되거니와 너무 야박하게 굴어서도 안 된다.

유머작가 톰 콜린스는 이렇게 말했다.

"청중에게 재미있는 연설을 들려주려는 연사 앞에서 사회자가 '여러분은 곧 웃음을 참을 수 없어 배를 움켜잡게 될 것입니다.'라고 말하는 것처럼 치명타도 없다. 이야기를 시작하기도 전에 산산조각 나버린 것이다. 이럴 땐 차라리 강단을 박차고 집에 돌아가는 게 낫다."

연사를 지나치게 과소평가해서도 안 된다.

스티븐 리콕은 사회자의 다음과 같은 소개 멘트를 받고 연설할 때가 있었다.

"오늘은 이번 겨울에 진행할 강연의 첫날입니다. 여러분들도 알다시피 지난해 강연들은 성공적이지 못했습니다. 당연히 연말정산도 적자를 면할 수 없었지요. 그래서 올해는 방침을 바꿔서, 보다 강연료가 저렴한 연사들을 초청하기로 했습니다. 여러분, 리콕 씨를 소개합니다."

당시의 느낌을 리콕은 이렇게 실토했다.

"저렴한 연사라는 딱지가 붙여진 채 청중 앞에 끌려 나가는 심정이 어떨지 한번 상상해보십시오."

소개할 때 최선을 다한다

연설자를 소개할 때 중요한 것은 소개하는 방식이다. 연설자를 대할 때는 입에 발린 찬사보다는 친밀하고 우호적인 태도로 대해야 한다.

연설자를 호명하는 마지막 단계에서는 마치 클라이맥스를 장식하듯이 말하는 것이 좋다. 그러면 청중의 기대감은 한층 고조되면서 열광적인 박수로 연설자를 맞이하게 된다. 그리고 청중의 열화와 같은 환호는 연설자를 자극하여 최선을 다하게 만든다.

연설자의 이름을 소개할 때 '휴식' '분리' '펀치' 3단계를 적용하면 더욱 효과를 높일 수 있다. '휴식'은 연설자의 이름을 말하기 전에 잠시 뜸을 들임으로써 기대감을 고조시키는 것이다. '분리'는 연설자의 성과 이름 사이를 살짝 끌거나 띄움으로써 그의 이름을 강조하는 것이다. 마지막으로 '펀치'는 힘차게 호명하는 것이다.

이때도 주의할 점이 있다. 연설자를 호명할 때 청중을 향하라는 것이다. 연설자의 이름을 마지막 음절까지 완전히 내뱉은 다음 연설자 쪽으로 시선을 돌려야 한다. 소개연설을 멋지게 하고도 마무리를 미진하게 하는 사회자가 많다. 연설자를 호명하면서 돌아서는 바람에 청중이 연설자의 이름을 알아듣지 못하는 상황이 벌어지는 것이다.

연설자를 소개할 때는 진정성 있는 자세로 임해야 한다. 초청연사를 좋아하지 않아서 또는 개인적으로 사이가 나빠서 부정적인 뉘앙스를 내비치거나 뼈가 있는 농담을 한다면 훌륭한 사회자가 될 자격이 없는 것이다.

연설자를 소개하는 당신은 그가 무슨 말을 할지 미리 알 수도 있지만 청중은 그렇지 않다. 당신이 별 뜻 없이 던진 말도 청중은 엉뚱하게 해석할 수 있으므로 조심해야 한다.

상을 줄 때 하는 연설법

"인간이 내심 원하는 것은 다른 사람들로부터 인정받고 싶다는 욕망, 즉 명예라는 사실이 다방면으로 입증돼왔다."

작가인 메제리 윌슨의 이 한마디는 인간의 보편적인 특징을 잘 드러내고 있다.

사람은 누구나 인생을 즐겁고 의미 있게 살고 싶어 하고, 남들로부터 칭찬받고 싶어 한다. 그래서 칭찬은 설사 그것이 공치사라 할지라도 마법처럼 사람의 마음을 들뜨게 만든다.

그렇다면 다른 사람에게 상을 줄 때 하는 연설은 어떤 특징을 지녀야할까? 무엇보다도 수상자가 무언가를 성취했다는 사실을 보증해줘야 한다. 수상자가 각고의 노력으로 성공했다, 영예를 누릴 자격이 충분하기에 상을 수여하고 우리가 축하해주려고 모인 것이다, 이런 식으로 말이다.

상을 줄 때 하는 말은 수상자의 입장을 세심하게 배려하면서 가급적 짧게 해야 한다. 수상경력이 많아서 그런 자리에 익숙한 사람이라면 몰라도, 그동안 수상 운이 없었던 사람에게는 그런 일이 한평생 간직할 귀중한 추억이 되기 때문이다.

수상할 때 효과를 높이는 몇 가지 요령이 있다.

첫째, 상을 왜 수상하게 되었는지 구체적으로 설명한다. 장기근속에 대한 보상의 성격일 수도 있고, 콘테스트에서 우승하거나 특정 분야에서 뛰어난 성취를 이뤄 표창하는 것일 수도 있다. 구체적이고 간단하게 설명하는 것이 좋다.

둘째, 수상자의 인생과 여러 업적 중에서 그 자리에 모인 사람들의 관심을 끌 만한 것을 이야기한다.

셋째, 수상자가 그 상을 받을 만한 충분한 자격이 있음을 말하며 진심으로 축하해주고, 그곳에 모인 사람들이 진심으로 축하하고 그의 앞날이 잘되기를 기원하는 뜻을 전해준다.

짧은 축하연설에서 진심보다 더 중요한 것도 없다. 그러므로 당신이 상을 주면서 하는 말이 적절하고 훌륭하다면 수상자뿐만 아니라 당신에게도 영예가 되는 일이다.

수상자의 장점이나 미덕을 과장하기는 아주 쉽다. 수상자가 상을 받을 만한 자격이 충분하다면 당연히 그래야 한다. 하지만 지나친 찬사는 오히려 독이 될 수도 있다. 과찬은 수상자를 불편하게 하고, 자칫 모인 사람들의 비웃음을 살 수도 있다. 상 자체의 무게를 과대포장하는 말도 피해야 한다. 오히려 상을 준비한 측의 따스한 호의를 강조하는 것이 훨씬 인간적이다.

상을 받을 때 하는 연설법

상을 받을 때는 상을 줄 때보다 짧게 말하는 것이 좋다. 물론 연설 내용을 미리 외워서도 안 되며 꼭 할 말만 대충 준비하는 정도면 안심이 될 것이다. 수상 사실을 뒤늦게 전해 듣거나 현장에서 갑자기 호명되어 알게 되더라도 수상연설 때문에 당황해서는 안 된다.

이때도 그저 "감사합니다." "내 생애 최고의 날이에요." "내게 일어난 일 중에서 가장 멋진 일입니다." 따위의 뻔한 멘트는 하지 말아야 한다. 이때도 상을 줄 때 하는 말처럼 과장의 위험성이 있다. 특히 '최고의 날'이나 '가장 빛나는 일' 같은 말은 너무 과장되고 식상한 표현이다. 그러니만큼 당신이 느낀 감사의 뜻을 한층 더 재미있게 전달할 방법을 찾아야 한다.

다음 소개하는 내용들은 수상자라면 누구나 응용할 수 있는 일종의 공식 같은 것이다.

첫째, 상을 주는 사람에게 진심에서 우러난 감사의 뜻을 전한다.

둘째, 그동안 당신을 도와준 동료나 부하직원, 친구와 가족들에게 영예를 돌린다.

셋째, 부상으로 받은 상품이나 선물이 자신에게 어떤 의미가 있는지를 말로 표현한다. 이때 상품과 선물이 포장되어 있으면 개봉해서 사람들에게 보여주면서, 그것이 자신한테 얼마나 도움이 되는지, 얼마나 훌륭한 장식품이 되는지, 장차 어떻게 요긴하게 쓸지 자랑하듯이 큰 소리로 말한다.

넷째, 거듭 깊은 감사의 인사를 전한다.

제13장
긴 연설을 구성하는 법

상식적인 사람이라면 사전 계획도 없이 당장 집부터 지으려 하지는 않을 것이다. 그런데 자신의 원하는 것이 뭔지도 모른 채, 정말 아무 생각 없이 연설하는 것이 가능한 일일까?

말을 한다는 것은 목적지가 정해진 계획된 항해여야 한다. 목적지도 정하지 않고 아무 곳이나 가겠다고 출발하는 사람은 결코 제자리를 벗어나지 못한다.

나는 화술을 배우려는 수강생이 있는 장소라면, 그곳이 어디든 나폴레옹의 저 열정에 불타는 문장을 써 붙이고 싶다.

"전술이란 치밀하게 계산하고 심사숙고하지 않는 한 절대 성공할 수 없는 과학이다."

이 말은 전쟁뿐 아니라 화술에도 그대로 적용할 수 있다. 하지만 연설자들이 이것을 알고 있는지, 알고 있다면 늘 그렇게 실행하고 있는지 알 수가 없다. 아마도 그렇지 않은 사람이 훨씬 많을 것이다. 대개의 연설이 별다른 계획이나 생각 없이 행해지고 있다.

생각을 정리하는 데 가장 효과적인 방법은 무엇일까? 심사숙고하기 전에는 감히 뭐라고 장담할 수 없다. 또 이 문제는 언제 들어도 항상 새로운 것이므로 연설자라면 수시로 자신에게 물어봐야 할 문제다. 절대적으로 확실한 법칙은 있을 수가 없기 때문이다.

그러나 여기서 청중의 행동을 유발하는 세 가지 중요 대목을 지적할 수는 있다. '주의 환기의 단계' '본론' '결론'이 그것이다. 다음은 오랜 시간에 걸쳐 검증된, 각 단계를 발전시키는 데 도움이 되는 방법이다.

즉시 청중의 관심을 사로잡아라

나는 노스웨스턴 대학의 교수를 지낸 해럴드 휴그 박사에게 단도직입적으로 물었다. 오랫동안 강연을 해온 연사로서 깨달은 것들 가운데 가장 중요한 것이 무엇인가 하고 말이다. 박사는 잠시 뜸을 들이더니 이렇게 말했다.

"청중의 호의적인 관심을 끌어낼 수 있는 첫마디가 무엇보다도 중요합니다."

휴그 박사의 대답은 설득력 있게 말하는 기술 가운데서도 핵심을 찌르는 말이다.

그렇다면 연설자가 어떻게 해야 청중이 첫마디에 곧바로 귀를 기울이게 할 수 있을까?

연설의 시작 단계에서부터 청중을 집중하게 할 수 있는 몇 가지 방법을 제시해보겠다.

뉴스해설자와 영화제작자로 유명한 로웰 토마스는 영화 〈아라비아의 로렌스〉에 대해 강연할 때 다음과 같은 이야기로 시작했다.

나는 어느 날 예루살렘의 크리스천가를 걷다가, 동양의 귀족들이 입는 화려한 예복 차림의 남자를 만났습니다. 그의 허리춤에는 예언자 마호메트의 후손들만 몸에 지니는 구부러진 황금 칼이 걸려 있었지요.

그는 이렇게 자신의 경험담을 들려주면서 강연을 시작했다. 이런 강연은 실패할 일이 거의 없다. 이야기가 살아 움직이고 점점 더 흥미롭게 나아간다. 그러면 청중도 자연스럽게 그 이야기 속으로 빨려 들어간다. 청중은 이미 그 이야기의 일부분이 되어 장차 무슨 일이 벌어질지 알고 싶기 때문에 자연히 따라가게 된다.

나는 이야기를 시작할 때 실화를 인용하는 것보다 효과적인 방법은 없다고 생각한다. 내가 이제껏 수없이 반복해온 연설 가운데 하나는 다음과 같이 시작한다.

나는 대학을 졸업한 어느 날 밤, 사우스다코타주의 휴런 거리를 걷고 있었습니다. 그러다가 문득 한 사내가 높다랗게 쌓인 상자 위에서 사람들에게 말하는 것을 보았습니다. 나도 모르게 호기심이 발동해서 군중 속으로 끼어들었습니다. 그 사내는 연설을 하고 있었습니다.

"여러분!"

그 사내는 큰 소리로 외쳤습니다.

"여러분은 혹시 알고 계십니까? 인디언 중에는 대머리가 한 사람도 없다는 사실을 말입니다. 남자든 여자든 한 명도 없습니다. 왜 그럴까요? 제가 오늘 속 시원히 알려드리겠습니다.

전혀 망설임이 없다. 사전에 분위기를 띄우는 말도 없이 곧장 본론으로 뛰어들어 단번에 청중의 이목을 집중시키는 것이다.

서두를 자신의 경험담으로 시작하는 연사는 반석 위에 서 있는 것과 같다. 적절한 단어를 찾기 위해 머리를 쥐어짤 필요도 없고, 도중에 할 말을 잊어버릴 위험도 없다. 경험은 그의 일부분인 소질과 능력을 재창조한다.

그래서 스스로도 마음이 놓이고 긴장을 풀 수 있기 때문에 자신만만하게 연설할 수 있다.

긴장감을 조성한다

파월 힐리가 필라델피아의 한 클럽에서 한 연설도 좋은 사례다.

100여 년 전 런던의 한 출판사에서 얇은 책 한 권이 출간되었습니다. 그 책은 곧 불후의 명작이 되었고, 사람들은 그 책을 '세상에서 가장 위대한 작은 책'이라고 불렀습니다. 처음 그 책이 출간되었을 때, 스트랜드가와 폴몰가에 사는 친구들은 거리에서 만나면 이런 대화를 나누었습니다.

"그 책 읽었나?"

"그럼, 읽고말고! 정말 대단하던걸!"

그 책은 서점 배본 첫날 순식간에 1000부가 팔렸고, 보름도 되지 않아 1만 5000부가 팔렸습니다. 그 후로도 날개 돋친 듯이 팔려서 쇄를 거듭했고, 세계 각국에서 번역본이 출간됐습니다. 몇 년 전에 J. P. 모건은 천문학적인 비용을 지불하고 100년 전의 그 원고를 사들였습니다. 그 원고는 지금 그의 거대한 아트 갤러리에 반짝이는 보석들 사이에 보관되어 있습니다. 여러분은 세계적으로 유명한 이 책의 제목을 알고 계십니까? 그것은……

이 정도면 청중의 관심을 끌기에 충분했을 것이다. 아마 당신도 관심을 갖지 않을 수 없을 것이고, 그 유명한 책의 제목은 무엇인지, 저자는 누구인지 궁금할 것이다. 책의 작가는 찰스 디킨스이고 책 제목은 '크리스마스 캐럴'이다.

긴장감을 조성하면 청중은 관심을 가질 수밖에 없다. 그것은 청중의 흥미를 붙잡아두는 가장 확실한 방법이다.

충격적인 말로 시작한다

펜실베이니아 주립대학의 결혼상담소 소장인 클리퍼드 애덤스는 《리더스 다이제스트》에 기고한 '배우자를 구하는 법'에서, 서두를 놀랄 만한 사실로 시작해서 독자를 긴장시켰다.

오늘날의 젊은이들은 원만한 결혼생활을 지속하기가 힘든 것 같다. 이혼율이 폭발적으로 증가하고 있기 때문이다. 1940년도에는 5~6쌍에 1쌍 꼴로 이혼했던 것이, 1946년에는 4쌍에 1쌍으로 늘어날 것으로 보이고, 향후 50년 후에는 2쌍에 1쌍 꼴로 이혼하게 될 것이다.

또 다른 방법으로 청중의 '주목을 끄는 사실'로 시작하는 연설 두 가지를 살펴보도록 하자.

미 육군성은 만일 지금 핵전쟁이 벌어지면 단 하루 사이에 2000만 명의 미국인이 사망할 것이라고 예측하고 있다.

스크립스 하워드 신문사는 17만 6000달러를 들여 대대적인 설문을 진행해 소매점에 대한 소비자들의 불만사항을 조사했다. 이것은 역대 가장 많은 비용을 들여 실시한 방대한 조사로서 16개 도시의 5만 4047세대에 설문지를 발송했다. 그 질문 가운데 하나는 '주위에 있는 상점에 대한 불만사항은 무엇인가?'였다. 이것에 대해 응답자의 5분의 2가 지적한 사항은 바로 '불친절한 점원'이었다.

연설의 서두를 충격적인 말로 시작하면 확실히 청중을 끌어들이는 데 효과적이다. 워싱턴의 강좌에서 한 여자 수강생은 내가 들었던 연설 중에서 가장 효과적으로 시선을 끌었다. 그녀는 이렇게 시작했다.

저는 지난 10년 동안이나 감옥에 갇혀 있었습니다. 그런데 그곳은 일반 감옥이 아니라 열등감이라는 벽과 타인의 시선에 대한 공포라는 철창이 달린 감옥이었습니다.

어떤가? 이 진지한 토로에 좀 더 귀 기울이고 싶지 않은가?
연설을 충격적인 이야기로 시작할 때 조심해야 할 점은, 너무 호들갑을 떨거나 지나치게 자기감정에 도취돼서는 안 된다는 것이다.

언젠가 한 수강생이 갑자기 허공을 향해 권총을 발사하고 나서 이야기를 시작했다. 그는 정말 제대로 관심을 끌었다. 그러나 같은 클래스 수강생들의 고막을 터뜨렸고, 그들의 심장을 멎게 만들었다. 이런 충격요법이라면 절대 사양이다.

대화 형식으로 시작한다

연설의 서두를 대화 형식으로 시작하는 것도 좋은 방법이다.

당신이 준비한 서두가 대화 형식인지 아닌지 알아보는 좋은 방법은 저녁식사 테이블에서 실험을 해보는 것이다. 만일 당신이 말하는 방식이 식사시간에 충분히 말이 오갈 만큼 대화를 이끌어내지 못한다면 청중 앞에서도 적절하지 않을 것이다.

청중의 관심을 끌려고 시작한 서두가 사실은 가장 재미없는 부분이 되는 경우도 있다. 실제로 나는 며칠 전에 이렇게 시작하는 설교를 들었다.

"주님께 의지하고 자신의 능력을 믿으십시오."

이런 시작은 훈계조로 빠질 것이 뻔하다는 것을 암시하지 않는가? 그러나 아직 포기하긴 이르다. 뒤이은 다음 말이 매우 흥미를 끌었고 연사의 절절한 마음이 담겨 있었다.

"내 어머니는 나이 서른에 남편을 잃었고, 졸지에 세 아이를 먹여 살려야 하는 과부가 되었습니다. 그녀는 돈 한 푼도 없이……."

그는 왜 젊은 나이에 과부가 된 어머니가 자식들을 건사하기 위해 온갖 고생을 한 얘기부터 하지 않고 하필 '주님께 의지하고……'로 시작했단 말인가!

청중의 관심을 끌기 원한다면 곧장 이야기의 중심으로 뛰어들어라.

《나는 어떻게 세일즈에 성공했는가》를 쓴 프랭크 베트거도 이런 방법을 썼다. 그는 첫 문장에서 궁금증을 유발하는 데는 거의 천재급이다. 나는 그와 함께 청년상공회의소 주최로 미국 전역에 판매 강연을 하러 다녔기 때문에 잘 알고 있었다.

베트거의 독특한 화법은 연설을 단번에 예술의 경지로 끌어올렸다. 그는 절대 설교하듯 말하지 않았다. 강의조나 변명조, 잘난 척도 하지 않았다. 그는 첫 문장부터 곧장 주제의 핵심으로 뛰어들었다.

"프로야구 선수생활을 시작한 직후 내 인생 최대의 충격을 안겨준 사건이 일어났습니다."

그의 이 첫마디는 청중에게 어떤 효과를 발휘했을까? 정말 모든 사람이 그에게 집중하고 있었다. 그들은 베트거가 갑작스런 쇼크를 받게 된 이유와 당시의 상황에 대해서, 도대체 무슨 일이 벌어진 것인지, 또 그 일을 어떻게 극복해냈는지 궁금해서 안달이 났다.

청중이 손을 들게 만든다

관심을 끌기 위해 청중에게 질문을 던지고 손을 들어 답을 해달라고 요구하는 것도 좋은 방법이다. 이 방법은 청중의 관심을 환기시키기 위해 자주 사용된다.

예를 들어, "피로를 예방하려면 어떻게 할까요?"라고 질문하면서 이야기를 시작한다.

"여러분께서 손을 들어주시기 바랍니다. 자신이 남들보다 훨씬 빨리 피로를 느낀다고 생각하는 분은 몇 분인가요?"

그래도 이런 막무가내 식은 곤란하다.

"여기 계신 분들 중에서 소득세가 인하돼야 한다고 생각하시는 분은 얼마나 됩니까? 손을 들어주십시오."

청중이 손을 들 마음의 준비를 하게끔 해야 한다. 그래서 이렇게 말하는 것이다.

"여러분께 중요한 질문을 하나 하겠습니다. 손을 들어 답해주시기 바랍니다. 제 질문은 이것입니다. 경품권이 일반 소비자에게 도움이 된다고 생각하시는 분은 얼마나 될까요?"

손을 들게 하는 것은 '청중의 참여'라는 반응을 이끌어내는 테크닉이다. 당신이 이 방법을 사용함으로써 청중은 이미 당신의 연설에 동참하고 있는 것이다.

당신이 "남들보다 훨씬 빨리 피로를 느낀다고 생각하는 분은 몇 분인가요?" 하고 물을 때 청중은 그 문제를 자기 처지에 견주어 건강과 몸의 통증 등을 생각하게 된다. 아마 주저주저 손을 들면서도 자기 말고 또 누가 손을 드는지 주위를 두리번거릴 것이다. 그는 강연을 듣고 있다는 사실도 잊어버린다. 괜히 계면쩍은 미소를 짓거나 옆의 친구에게 고개를 끄덕일 것이다. 그러다 보면 긴장된 분위기도 사라지고 부드러워지면서 연설자는 한결 편한 마음으로 이야기를 시작할 수 있다.

원하는 것을 얻게 해준다고 약속한다

관심을 끄는 가장 확실한 방법은, 청중에게 원하는 것을 얻을 수 있는 방법을 알려주겠다고 장담하는 것이다.

예를 들어 이런 식이다.

"여러분께 피로예방법을 알려드리겠습니다. 아울러 요즘처럼 바쁜 시기에 하루 한 시간씩 잠을 덜 자는 방법도 말씀드리도록 하겠습니다."

"여러분이 실질적으로 소득을 올릴 수 있는 방법을 말씀드리려고 합니다."

"제 말씀을 10분만 귀담아들으십시오. 그러면 사람들로부터 사랑받는 확실한 방법을 여러분께 가르쳐드리겠습니다."

당신도 눈치챘겠지만, 이와 같은 '약속'형의 멘트는 청중의 이해관계를 직접 자극하기 때문에 그들의 관심을 끌어당기는 것이다.

연설자들은 연설의 주제를 청중의 실질적인 관심사와 결부시키는 일을 너무 등한시한다. 그래서 관심의 문을 열려고 하기보다는 주제를 선택한 계기나 배경을 지루하게 늘어놓기 때문에 초장부터 외면당하는 것이다.

나는 몇 년 전에 그 자체로 청중에게 중요한 이슈가 될 만했던 '정기건강진단의 필요성'에 대한 강연을 들었다. 이때 연사는 어떤 식으로 이야기를 시작했을까? 주제에 대해 노련하게 서두를 열어젖힘으로써 연설을 생기 있게 만들었을까?

전혀 그렇지가 못했다. 그는 건강검진과 복지 관련법을 줄줄이 읊는 지루한 낭독을 시작했고, 청중은 그 연사와 주제에 대해 관심을 잃어버렸다. 이럴 때 연사가 차라리 '약속'이라는 테크닉을 활용했더라면 훨씬 더 좋았을 것이다. 가령 이런 식으로 말이다.

"여러분은 자신이 앞으로 얼마나 살 수 있다고 생각하십니까? 생명보험회사는 수백만 명, 수천만 명의 수명을 참고로 해서 평균적으로 생존할 수 있는 나이를 알아냈습니다. 그 자료에 따르면, 사람은 80세에서 현재의 나이를 뺀 숫자의 3분의 2 정도를 산다고 합니다. 그럼 여러분은 이 정도만 살면 만족스럽다고 생각할까요? 절대 아닐 겁니다. 사람은 누구나 하루라도 더 오래 살기를 원하고, 그런 통계가 틀렸다는 것을 입증하고 싶을 것입니다. 그렇다면 통계학자가 발표한 이 수치를 늘릴 방법이 있을까요? 놀랍게도 그 방법이 있습니다. 제가 그걸 지금부터 차근차근 말씀드리겠습니다."

어떤가? 당신도 귀가 솔깃하지 않은가? 왜냐하면 연사가 당신의 인생에 대해 얘기하고 있을 뿐만 아니라, 당신의 수명 연장에 관련된 엄청난 사실을 말해주겠다고 약속했기 때문에 듣고 싶은 것이다. 아마도 이와 같은 유혹에 넘어오지 않을 청중은 없을 것이다.

전시물을 이용한다

눈에 보이는 것은 확실히 이목을 끈다. 세상에서 가장 쉽게 관심을 끄는 방법은 눈앞에서 직접 보여주는 것이다. 단순한 사람이든 복잡한 사람이든 거의 모든 사람이 시각적인 자극에 관심을 보인다. 이 방식은 때때로 엄숙한 청중 앞에서도 기막힌 효과를 발휘할 수 있다.

필라델피아의 S. S. 엘리스는 한 손에 종이쪽지를 들어 보이면서 연설을 시작했다. 당연히 청중의 시선은 일제히 그 쪽지에 집중됐다.

"여러분들 중에 길거리에 이런 쪽지가 떨어져 있는 것을 본 분이 계십니까? 이 쪽지에는 행운의 주인공에게 이러이러한 부동산 개발계획에 포함된 토지를 무상으로 제공하겠다고 적혀 있습니다. 전화를 하고 이 쪽지만 들고 가면 땅을 나눠준다는 겁니다. 그것도 공짜로요! 이게 말이 되는 소립니까?"

그는 기획부동산업자들이 여기저기에 그런 광고성 전단을 뿌려대면서, 그걸 미끼로 분양사기를 치는 일이 많다며 절대 넘어가지 말라고 경고했다.

지금까지 소개한 여러 방법들은 모두 나름대로 특별한 장점을 갖고 있다. 따라서 하나씩 따로 적용하여 활용할 수도 있고, 두세 개씩 섞어서 사용해도 좋은 결과를 기대할 수 있다. 청중이 당신과 당신의 이야기를 받아들일지 말지는, 당신이 연설을 어떻게 시작하느냐에 따라 백팔십도로 달라진다는 사실을 명심할 필요가 있다.

어떻게든 청중의 호감을 사라

연설할 때는 무엇보다 청중이 호감을 갖도록 해야 한다. 그래서 '호의적인 관심'이 다른 무엇보다도 중요하다. 분별 있는 사람이라면 첫 발언부터 남을 모욕하거나 청중을 외면하게 만드는 기분 나쁜 말은 하지 않을 것이다. 그럼에도 연설을 시작할 때 이런 금기사항을 범하는 경우가 많다.

사과나 변명으로 연설을 시작해서는 좋은 인상을 줄 수 없다. 연설할 준비가 안 됐다든가, 자신은 그 주제를 다루기에 적합하지 않다는 식으로 얼버무리면 청중은 모처럼 품었던 기대가 무너지는 듯한 느낌이 들 것이다. 청중은 말 몇 마디만 듣고도 연설 준비를 제대로 하지 않았다는 것을 알아차린다. 연설자가 준비를 안 했다는 것은 그럴 만한 가치가 없다고 판단했거나, 적당히 넘겨버리려고 한다는 것을 보여주는 것이다. 당신은 왜 그런 속내를 드러내서 청중을 모욕하는가?

청중은 사과의 말보다는 연설을 통해 뭔가 배우고 싶고 실질적으로 도움이 되는 이야기를 듣고 싶어 한다. 이야기가 시간이 짧게 느껴질 정도로 재미있다면 더할 나위가 없다. 그래서 없는 시간을 쪼개서 소문난 강사를 찾아다니는 것이다. 따라서 당신은 언제나 청중에게 유익한 말을 해주려고 최선을 다해야 한다.

많은 연설자들이 소위 우스갯소리로 청중의 인기를 모으려고 한다. 연설을 시작한 지 얼마 안 되는 사람들은 농담으로 분위기를 띄우고 좌중을 즐겁게 해야 한다고 생각한다. 그래서 자신이 마치 마크 트웨인이라도 되는 양 우스갯소리를 해댄다.

항상 이런 함정을 조심해야 한다. 분위기를 띄우려고, 웃기려고 한 이야기가 즐겁기는커녕 애처롭다 못해 고통스런 상황을 연출하기도 한다. 뒤늦게 '낭패로구나' 하는 느낌이 들지만 이미 엎질러진 물이다. 청중 가운데 그런 이야기쯤은 이미 다 알고 있는 사람이 허다하다.

유머는 어느 연설자에게나 매우 귀중한 자질이다. 상황에 어울리는 적절한 유머감각은 연사를 훨씬 돋보이게 만든다. 연설이 늘 코끼리처럼 의젓하고 믿음직하며 엄숙해야 할 까닭은 없으니까 말이다.

연설자는 그 고장의 풍습이나 독특한 문화에 관심을 가져야 하고, 가깝게는 연설하는 그 장소에서 있었던 일들도 유심히 관찰할 필요가 있다. 감각을 총동원하여 무엇이든 흥미로운 건수를 찾아내야 한다. 그런 다음 그것을 과장해서 청중이 웃음보따리를 터뜨릴 수 있게 재치와 기지를 발휘하는 것이다. 그러면 시중에 떠도는 판에 박힌 유머나 농담보다도 훨씬 성공할 가능성이 높다. 일단 그 장소와 관련이 있고 독창적이기 때문이다.

이도저도 아니면 차라리 자기 이야기를 해보라. 너무나 어처구니없고 난처한 상황에 놓여 있는 자신의 모습을 묘사해보는 것이다. 잭 베니도 몇 년 동안 이 방법을 사용했다. 그는 자신을 '재미를 짜내는' 최초의 비중 있는 라디오 코미디언이라고 말했다.

그는 형편없는 바이올린 연주 실력, 탐욕스런 성격, 나이 따위를 소재로 삼아 자신을 농담의 대상으로 만들어 큰 인기를 얻었다. 청중은 자신의 결점이나 실수를 재미있게 말하는 연설자에게 박수를 보내며 마음의 문까지 활짝 열어젖힌다. 반면, 점잔을 빼거나 뭐든 다 알고 있다는 식으로 나오는 연설자한테는 냉혹한 시선을 던진다.

핵심 내용을 보충하라

청중의 마음을 움직이게 하는 연설에는 몇 가지 요점이 있다. 요점은 적을수록 좋겠지만, 어떤 경우든 보충할 자료는 필요한 법이다.

우리는 '청중의 행동을 유발하는 짧은 연설'에서 인생의 경험, 즉 실례를 들면서 전달하고자 하는 핵심을 유지하는 방법을 학습했다. 이는 '이야기를 싫어하는 사람은 한 사람도 없다'는 기본 요구에 호소하기 때문에 널리 애용되고 있다. 그중에서도 특정 사건이나 돌발사고 등이 좋은 소재가 되지만, 요점을 보충하는 방법이 그것만 있는 것은 아니다. 통계자료나 전문가의 증언과 분석, 전시나 실연 등의 다양한 방법을 활용할 수 있다.

통계를 형상화한다

통계는 일상생활이나 여러 가지 현상에 대한 자료를 한눈에 알아보기 쉽게 수치화한 것이다. 한 가지 사례만으로는 납득할 수 없는 부분에서 통계를 활용하면 증빙자료 이상의 강한 인상과 확신을 심어줄 수 있다.

실제로 소아마비 백신 프로그램의 효과는 전국적으로 집계한 통계를 바탕으로 평가한 것이다. 어쩌다 예방에 실패한 경우는 예외의 경우로 보고, 오히려 전체적으로 유효하다는 결과를 증명해주는 것이나 다름없다. 따라서 부모들은 아이에게 백신을 접종해야 한다는 확신을 갖게 되는 것이다. 그러나 통계 자체만으로는 따분할 수 있으므로 꼭 필요한 경우에만 사용해야 하며, 그럴 경우에도 통계를 좀 더 분명하고 생생하게 어필할 수 있는 언어로 표현해야 한다.

여기에 통계를 친숙한 어떤 것에 비유한 사례가 있다.

한 사업가는 전화를 빨리 받지 않는 뉴욕 사람들 때문에 엄청난 시간이 낭비되고 있다는 자신의 주장을 뒷받침하기 위해 이렇게 말했다.

"전화를 100통 연결할 때 그중 7통은 전화를 받기까지 1분 이상이 소요됩니다. 이러면 매일 28만 분이 낭비되는 것이지요. 이렇게 6개월 동안 뉴욕에서 낭비된 시간을 계산하면 콜럼버스가 아메리카 대륙을 발견한 이후로 지금까지 지나온 날들과 거의 비슷합니다."

통계에서 단순히 숫자와 양을 제시하는 것으로는 강한 인상을 줄 수가 없다. 실제 사례를 들어 설명해야 한다. 가능하면 우리의 경험에 따른 자료를 말로 표현하는 것이 효과적이다.

언젠가 컬럼비아강 그랜드쿨리 댐의 거대한 동력실에서 가이드가 했던 설명을 떠올려본다. 댐의 저수용량을 제곱미터나 제곱피트로 알려줄 수도 있었지만, 그랬다면 별로 감이 오지 않았을 것이다. 이것을 가이드는 1만 명의 관객을 동시에 수용할 수 있는 미식축구장을 그대로 옮겨놓은 크기라고 말했고, 구석마다 테니스코트를 몇 개 더 설치할 수 있을 정도라고 말했다.

브루클린 센트럴 YMCA에서 진행한 내 강의에 참가한 어떤 수강생은 지난 한 해 동안 화재로 불탄 가구 수를 말했다. 그는 불에 탄 건물을 나란히 늘어놓으면, 그 줄이 시카고까지 이를 것이라고 설명했다. 또 그 화재로 사망한 사람들을 반마일 간격으로 눕혀놓으면, 그 줄이 다시 시카고에서 브루클린으로 돌아올 것이라고 말했다. 나는 그때 들었던 숫자는 금방 잊어버렸지만, 뉴욕에서 시카고까지 불탄 건물들이 늘어서 있는 모습은 지금도 눈앞에 그려진다.

전문가의 증언을 인용한다

전문가의 증언을 인용하면 강조점들을 효과적으로 뒷받침할 수 있다. 다만 무턱대고 인용하기보다는, 먼저 다음의 질문에 답해보는 것으로 점검해야 한다.

1. 인용 자료는 정확한가?

2. 인용하려는 자료는 해당 전문가가 전문적으로 다루는 분야에서 선택한 것인가? 예를 들어, 경제학에서 권투선수인 조 루이스를 인용하는 것은 그의 장점이 아니라 그의 명성을 이용하려고 하는 것이다.
3. 대중적으로 유명하고 존경받는 사람에게서 인용한 것인가?
4. 인용 내용이 개인적인 관심이나 편견이 아닌 직접적인 지식에 바탕을 둔 것이라고 확신하는가?

몇 년 전에 한 수강생은 산업전문화의 필요성을 강조하면서 앤드류 카네기의 말을 인용했는데, 적절하고 현명했다고 생각한다. 연사는 '사업 분야에서의 성공'이라는 주제에 걸맞게 앤드류 카네기를 골랐고, 카네기는 청중으로부터 존경받는 인물이었기 때문이다. 이런 적절한 인용은 오늘날에도 얼마든지 되풀이해도 빛이 바래지 않는다.

나는 어떤 분야에서 성공하는 가장 확실한 방법은 그 분야에 정통한 사람이 되는 것이라고 생각한다. 그래서 자신의 능력을 이리저리 분산시키는 사람은 신뢰하지 않는다. 내 경험상 여러 분야에 관심을 가진 사람이 큰 돈을 벌거나 뛰어난 성취를 이룬 예는 아직 한 번도 본 적이 없다. 성공한 사람들은 한 분야에서 끈질기게 노력했던 사람들이다.

비유를 활용한다

비유는 두 가지 사물 간의 유사한 관계를 말한다. 단순히 두 물체 자체가 유사한 것을 말하는 것이 아니라 몇 가지 특징이나 상황, 효력 등이 비슷한 경우에 비유할 수 있다. 그래서 비유는 중요한 논점을 보강하는 데 큰 도움이 되는 기법이다.

여기서 G. 데이비슨이 내무부장관의 보좌관으로 있을 때, '전력(電力) 증강의 필요성'에 대해 연설한 내용이 있다. 그가 자신의 주장을 뒷받침하기 위해 비교와 비유를 어떻게 활용했는지 살펴보자.

경제는 계속 전진하지 않으면 정체되고 결국엔 고꾸라지고 맙니다. 그것은 마치 비행기와 같습니다. 비행기는 지상에 있을 때는 쓸모없는 볼트와 너트의 결합체처럼 보입니다. 그러나 이륙하여 공중을 비상할 때 본질을 드러내며 유용한 역할을 수행합니다. 이 비행기가 공중에 떠 있기 위해서는 계속해서 전진해야 합니다. 그렇지 않으면 추락하고 맙니다. 후퇴할 수도 없습니다.

또 다른 이야기로, 연설 역사상 가장 탁월하다고 볼 수 있는 비유가 있다. 남북전쟁을 치르는 중요한 시기에, 링컨 대통령이 자신을 비판하는 사람들에게 한 말이다.

여러분, 한 가지 경우를 가정해봅시다. 여러분이 전 재산을 금으로 가지고 있는데, 그 금을 줄타기 명인인 찰스 블론딘에게 맡겨서 나이아가라 폭포 위에 설치한 밧줄을 타고 운반해달라고 부탁했다고 상상해보십시오. 그가 폭포를 횡단하고 있는 동안 여러분은 그 밧줄을 마구 흔들어댈까요? 아니면 "블론딘, 허리를 조금만 낮추게! 좀 더 빨리 가라고!"라고 소리칠까요? 아마 그러지 않을 것입니다. 제 생각에도 여러분이 숨도 제대로 못 쉬고 손에 땀을 쥔 채 그가 무사히 건널 때까지 지켜보고만 있을 거라고 확신합니다.

지금 우리 정부도 이와 똑같은 상황에 놓여 있습니다. 엄청난 무게를 짊어지고 폭풍의 바다를 건너가려고 합니다. 더없이 귀중한 보물을 손에 쥐고 전력을 다하고 있습니다. 그러니 자꾸 흔들어대지 말아주십시오. 가만히 지켜봐주십시오. 그러면 이 총체적인 난국을 무사히 헤쳐나갈 수 있습니다.

실연해 보인다

스토브 회사 아이런 파이어맨이 신제품을 출시하고 특약점 대표들을 불러 모았다. 발표를 맡은 임원은 새 스토브의 연료 주입구가 위가 아니라 밑에 있다는 점을 극적으로 표현하고 싶었다. 임원은 며칠을 고민한 끝에 아주 간단하면서도 강한 인상을 심어줄 수 있는 방법을 찾아냈다. 그가 양초에 불을 붙여 활활 타오르게 해놓고 나서 말했다.

"이 촛불에 주목해주십시오. 아주 잘 타고 있지 않습니까? 이처럼 연료는 열로 변화하는 것이므로 연기가 거의 나지 않습니다. 그런데 잘 보십시오, 이 촛불은 아이런 파이어맨의 스토브처럼 밑에서부터 파라핀을 공급받고 있지 않습니까? 만약 이 양초가 지금까지의 스토브처럼 위에서 공급된다고 해봅시다. (여기서 그는 양초를 거꾸로 들었다.) 기세 좋게 타오르던 불길이 약해지는 것에 주의해주세요. 불길은 이제 기분 나쁜 소리까지 내지 않습니까? 또 불완전연소 때문에 불빛이 빨개지는 것도 보십시오. 자, 연료를 위에서 보급한 결과는 어떻습니까? 불이 꺼져버렸지요?"

헨리 M. 로빈슨은 《유어 라이프》지에 '변호사들은 어떻게 소송에서 이기는가?'라는 흥미로운 글을 썼다. 그는 이 글에서 보험회사의 아베 휴머라는 변호사가 손해배상 소송에서 어떻게 승소했는지 묘사했다.

원고인 포스트레스웨이트는 엘리베이터가 추락하는 바람에 어깨를 심하게 다쳐서 오른팔을 거의 쓸 수 없다고 진술했다. 휴머는 매우 진지한 표정으로 위로의 말을 전했다. 그러고는 마음 툭 터놓은 듯이 미소 띤 얼굴로 말했다.

"그러시다면 포스트레스웨이트 씨, 부상 정도가 얼마나 심한지 팔을 한번 들어 보여주시겠습니까?"

포스트레스웨이트는 매우 조심스럽게 팔을 귀 높이까지 들었다.

"아, 알겠습니다. 수고하셨습니다."

휴머가 다시 말했다.

"그럼 부상당하기 전에는 얼마나 높이 올릴 수 있었는지 한번 더 팔을 들어주십시오."

그러자 포스트레스웨이트는 머리 위 높이까지 팔을 쭉 뻗어 올리면서, "이만큼요."라고 대답했다. 그것도 힘 하나 안 들이고.

이 모습을 본 배심원들이 어떤 판결을 내렸을지는 여러분의 상상에 맡기겠다.

청중에게 어떤 행동을 유발하기 위한 연설이라면 요점은 서너 개 정도가 적당하다. 단지 요점만 정리해서 말한다면 1분이면 족할 것이다. 단순히 내용을 외워서 들려주면 청중은 지루해한다. 이때 앞서 소개한 여러 가지 방법들을 잘 활용한다면 연설에 활기와 재미를 불어넣을 수 있을 것이다. 이를테면 실제 있었던 사건을 소개하거나 직접 연기해 보임으로써 당신의 주제를 훨씬 뚜렷하고 생생하게 만들 수 있다. 또 객관적인 통계와 증언을 활용함으로써 당신의 주장을 입증해 보이고 논점의 중요성을 강조할 수도 있다.

행동에 나서달라고 호소하라

언젠가 엔디콧 존슨사의 사장인 조지 F. 존슨을 만나 담소를 나눴다. 그와 이야기하면서 내 흥미를 끈 것은 그의 화술이었다. 그는 청중을 울리고 웃기는 달변에다가, 한번 들은 얘기는 좀처럼 잊히지 않게 하는 매우 특이한 화술을 구사했다.

그는 개인 집무실이 따로 없었다. 시끄럽게 돌아가는 공장 한구석이 사무실이었고, 그곳에 놓인 낡은 책상처럼 꾸밈없고 털털한 사람이었다.

"때마침 잘 오셨습니다. 오늘 밤 사원들 앞에서 할 연설 끝부분을 메모하고 있었습니다."

"할 말을 처음부터 끝까지 머릿속에 정리해두면 논리정연하게 말할 수 있어서 마음이 놓이지요."

나는 그렇게 말하면서 그의 표정을 살폈다.

"아닙니다. 모든 걸 머릿속에 정리할 정도는 못 됩니다. 단지 전반적인 윤곽과 마무리하고 싶은 특별한 내용만 기억할 뿐이죠."

그는 프로급 연설가는 아니었다. 명언이나 심금을 울리는 문구를 인용해서 자기 명예를 높이고 싶은 욕심도 없었다. 그러나 그는 인생의 경험을 통해 의사전달에 성공하는 비결 가운데 한 가지는 터득하고 있었다. 이야기를 잘 전달하려면 끝마무리가 좋아야 한다는 것이다. 그는 청중에게 깊은 인상을 주려면 이야기의 모든 전개가 결론 쪽으로 집약돼야 한다는 사실을 잘 알고 있었다.

맺는말은 연설의 가장 중요한 부분이다. 당신이 연설을 마쳤을 때 청중의 가슴속에 여운으로 남는 마지막 말이 있어야 한다. 이것이 가장 오래 기억에 남는다.

연설을 시작한 지 얼마 안 되는 사람들은 이 맺는말의 중요성을 크게 인식하지 못하는 것 같다. 그래서 나름대로 훌륭하게 행한 연설의 이미지를 뭔가 미진하고 아쉽게 마무리하고 만다.

연설을 다음과 같이 끝마치는 사람이 있다.

"이상으로 이 문제에 대해 제가 주장하고 싶은 것은 모두 말씀드렸습니다. 지금까지 제 이야기를 들어주셔서 대단히 감사합니다."

당신은 이것이 맺는말로 적당하다고 생각하는가? 절대 그렇지 않다. 한마디로 실패의 냄새가 물씬 풍기는, 용납할 수 없는 끝맺음이라 할 수 있다. 차라리 더 이상 할 말이 없으면 사족을 붙이지도 말고, "말씀을 마치겠습니다."라는 말도 필요 없이 그냥 단상을 내려오면 된다. 그러면서 최종판단은 청중에게 맡기는 것이다.

할 말은 모두 했다. 그런데 멈출 방법을 모른다. 아무리 궁리해도 좀처럼 적당한 말이 떠오르지 않는다. 그래서 주저주저하면서 좋지 못한 인상을 남기는 것이다.

이를 예방하려면 연설을 시작하기 전에 미리 마무리를 생각해둬야 한다. 청중을 앞에 두고, 연설에 정신을 집중해야 할 상황에서 끝마무리까지 생각하는 것은 바람직하지 못하다. 상식적으로도 냉정한 상태에서 조용히 미리 생각해두는 것이 나을 것이다.

그렇다면 어떻게 해야 연설을 무사히 마무리하고 절정으로 끌어올려 청중의 가슴에 여운을 남길 수 있을까?

요약한다

연설자가 긴 연설을 할 때는 자기도 모르게 이야기의 폭을 한정 없이 넓혀갈 수 있다. 그래서 연설의 끝부분에서는 그가 말하려던 요점이 무엇인지 청중이 파악하기 힘들 수가 있다.

연설자는 꽤 오랜 시간 자신의 생각을 가다듬어왔다. 그러나 그 내용은 청중이 듣기에 생소하고 한 번도 생각해보지 못한 것이다. 이것은 마치 청중을 향해 한 줌의 산탄(散彈)을 집어던지는 것과 같다. 운 좋게 청중의 심중에 적중할 수도 있겠지만 대개는 흩어져버리고 만다. 청중은 셰익스피어의 말처럼 '많은 것을 듣기는 하지만 명확한 것은 한 가지도 기억하지 못하는' 부류인 것이다.

아일랜드의 한 정치가는 이 부분에 대해 다음과 같이 적절한 처방을 내렸다.

"먼저 무엇을 말할 것인가를 선언한다. 그다음에 그것에 대해 자세하게 이야기한다. 그리고 마지막에 그동안 무엇에 대해 말했다고 청중에게 다시 보고하는 것이다."

'그동안 무엇을 말했다고 다시 보고한다'는 부분은 맺는말의 정곡을 찌르는 충고이다. 그러므로 이 부분의 효과를 높이려면 이야기 전체의 요점을 짤막한 문구로 요약할 수 있어야 한다.

여기 좋은 사례가 있어 소개한다. 시카고 철도회사의 운행관리부장은 다음과 같이 요약하면서 연설을 끝맺었다.

결론은 다른 지역에서 이 폐쇄장치(차량이 들어와 있는 구간에 다른 열차가 들어오지 못하게 하는 장치)를 실험해본 결과가 말해주고 있습니다. 현재 동부, 서부, 북부에서 이 장치를 사용해본 결과 안정성을 획기적으로 높여 사고를 예방하는 것으로 증명되었습니다. 설치비도 문제가 안 되는 것이, 1년이면 사고를 예방해서 아낀 금액으로 설치비를 상쇄할 수 있습니다. 이 모든 점을 고려할 때 우리 남부에서도 즉시 이 폐쇄장치를 설치해야 한다고 강력히 주장하는 바입니다.

행동을 촉구한다

앞에서 인용한 마무리 방식은 행동을 촉구하는 맺는말로서도 훌륭한 전형이다. 그는 분명하게 무언가를 요구하고 있다. 그것은 남부에도 폐쇄장치를 설치해야 한다는 것이었고, 실천을 촉구하는 근거로 그 장치를 설치함으로써 얻게 되는 비용 절감과 사고 예방 효과를 들었다. 그는 설치를 강하게 촉구했고, 그 요구는 이사회 안건으로 채택되어 얼마 후 전면적으로 폐쇄장치가 설치되었다.

행동을 유발하는 연설의 마지막 단계는 실천을 강제하는 것이다. 따라서 전면적으로 밀어붙일 필요가 있다. 어떻든 행동할 것을 요구하라! 청중이 동참하도록, 기부하도록, 청원하도록, 전화하도록, 구매하도록, 저항하도록, 가입하도록, 원하는 것이 무엇이든 강력하게 요구해야 한다. 단,

이때도 다음 주의사항은 명심해야 한다.

첫째, 요구조건을 구체적으로 말한다.

"적십자 활동에 동참해주십시오."라고 말하지 말라. 너무 평범하다. "오늘밤 스미스가 ○○번지에 있는 적십자사에 1달러씩 기부금을 보내주십시오."라고 구체적으로 말하자.

둘째, 청중의 능력을 감안하여 그들이 할 수 있는 일을 요구한다.

"주류판매법에 반대투표를 합시다."라고 말하지 말라. 실현 불가능한 요구다. 연설하는 그 자리에서 주류판매법을 두고 찬반을 가를 수는 없다. 이럴 땐 금주 모임에 가입하라고 권하거나 금주운동을 하는 단체에 기부하라고 권해야 한다.

셋째, 청중이 행동하기 쉽게 요구해야 한다.

"여러분의 선거구 국회의원에게 이 법안에 반대투표를 하라고 편지를 보냅시다."라고 해서는 안 된다. 청중의 99퍼센트는 그렇게 하지 않을 것이다. 절박하지도 않고 귀찮아서 한 귀로 듣고 한 귀로 흘려버릴 것이다. 그러므로 행동에 옮기기 쉬운 방법으로 유도해야 한다. 어떻게?

당신이 직접 해당 의원 앞으로, "우리는 의원님이 제74321호 법안에 대해 반대투표를 해주실 것을 간청합니다."라고 편지를 쓴다. 그 후 필기도구와 서명용지를 청중에게 돌려서 서명을 받는 것이다. 이러면 즉석에서 청중을 동참하게 할 수 있고, 당신은 그 편지를 의원실로 보내면 된다.

배운 내용을
일상에서 응용하기

나는 우리 수강생들이 '화술교실'에서 배운 내용들을 일상생활에서 어떻게 응용하고 적용해나가고 있는지 말하는 것을 즐겨 듣는다. 세일즈맨은 판매 실적을 올렸고, 관리자는 승진했으며, 경영진은 운영 능력을 향상시켰다는 것이다. 이 모두가 화술 능력을 키운 덕분이라 생각한다.

제너럴 모터스에서 '효과적인 리더십을 위한 카네기 강좌'를 진행하는 R. 프레드 캐너데이는 한 잡지에 다음과 같은 글을 기고했다.

제너럴 모터스가 화술 훈련에 관심을 갖는 이유 중 하나는, 모든 감독관은 어떤 의미에서 교사와 같다는 인식 때문이다. 감독관은 신입사원을 면접하고, 수습 과정을 거쳐 근무부서를 결정하고,

승진 가능성을 결정하는 등 모든 과정에서 의사전달의 기술을 필요로 한다. 그들은 부하직원을 설득하거나 꾸짖어야 하고, 교육하거나 비평하거나 서로 의견을 교환해야 하기 때문이다.

우리는 지금까지 다양한 토론장에서 말하기 기술이 각종 토론과 의사결정, 문제 해결과 정책 수립에 어떻게 영향력을 발휘하는지 확인했다. 자기 생각을 정리하고, 그것을 표출할 적절한 단어와 문장을 선택하며, 진지함과 열정을 가지고 전달한다. 이 모든 요소들은 이 책에서 전반적으로 살펴보았다. 따라서 배운 것을 어떻게 적용할 것인가는 순전히 독자인 당신의 몫이다.

아마도 당신은 지금까지 배운 것들을 언제부터 적용해야 할지 망설일지도 모른다. 그렇다면 나는 "지금 당장!"이라고 말하겠다. 설사 당신에게 앞으로 얼마 동안은 여러 사람 앞에서 연설할 기회가 없다 하더라도 걱정할 필요는 없다. 당신은 지금부터 이 책에서 제시한 연설의 원리나 기교를 일상생활 속에서도 충분히 응용할 수 있다는 사실을 알게 될 것이기 때문이다.

나는 앞서 '청중의 행동을 유발하는 짧은 연설'에서, 사람들 앞에서 말할 때 네 가지 일반적인 목적 중 한 가지를 염두에 두라고 강조했다. 당신이 전혀 예상하지도 못할 때 누군가에게 정보를 주고, 환영하고, 당신의 주장이 옳다는 확신을 주고, 어떤 일을 실행하라고 설득할 일이 생길지도 모른다.

공적인 말하기에서는 연설의 내용이나 말하는 태도에서 목적을 분명히 드러내야 한다. 일상적인 말하기에서는 이런 목적이 다른 목적과 혼재되고 늘 상황에 따라 유동적이라고 할 수 있다. 예를 들어 세일즈맨은 친구와 마음을 툭 터놓고 얘기하다가 우연찮게 상품을 권할 수도 있는 것이다.

우리는 화술 훈련의 다양한 기술을 일상의 대화에 응용함으로써 자신의 말을 더욱 설득력 있게 하고, 생각을 보다 능률적으로 전달할 수 있으며, 상대를 설득하여 움직이게 할 수 있는 것이다.

일상의 대화에서 세부묘사를 활용하라

나는 앞에서 연설할 때 세부적인 묘사를 삽입하는 것이 효과적이라고 말했다. 이 방법은 일상적인 평범한 대화를 나눌 때도 똑같이 중요한 작용을 한다.

당신 주변의 친구나 선배 중에서 대화를 주도하는 사람을 떠올려보라. 그가 주위 사람들로부터 말을 잘한다고 인정받는 이유는 매우 간단한 원리를 터득하고 있기 때문이다. 즉 그는 대화 중에 자신의 감정을 잘 표현한 세부적인 묘사를 통해 상대방이 구체적인 영상을 떠올리게 하는 것이다.

당신이 대화의 기술을 발전시키려면 무엇보다도 자신감을 가져야 한다. 그래서 작고 사소해 보이는 주제에 대해서도 자기 의견을 표현하려고 노력해야 한다. 이런 과정을 반복하다 보면 자신의 경험에서 적절한 소재를 찾아 활용할 수 있는 능력이 생긴다. 새로운 눈으로 인생을 바라볼 수 있게 되는 것이다.

특히 눈에 띄는 것은 주부들이다. 그들은 화술 기법을 소규모 모임에 적용할 때부터 어떤 변화가 생기는지 가장 민감하게 반응한다.

신시내티에 사는 R. D. 하트 부인은 같은 클래스의 수강생에게 이렇게 고백했다.

"내 안에 숨어 있던 잠재능력을 발견하고 나서 자신감과 용기를 얻게 되었어요. 그래서 사교 모임에서도 활발하게 이야기할 수 있게 되었습니다. 그뿐 아니라 시사 문제에도 흥미를 느끼게 되어 뉴스도 챙겨 봅니다. 소심했던 성격이 확 달라져서 단체활동에도 적극적으로 참가합니다."

하트 부인의 고백은 내게는 그리 새로운 내용은 아니다. 배운 것을 응용하려는 욕구가 자극을 받으면 인생 전체를 활기차게 하는 행동과 맞물려 상호작용의 톱니바퀴가 작동하기 시작한다. 그리고 계속해서 성공을 경험하면서 큰 성취감을 얻게 된다.

우리 모두가 누군가를 가르치는 교사는 아니지만, 일상에서 다른 사람에게 지식과 정보를 주는 말을 할 기회는 얼마든지 있다. 부모가 아이를 훈육하거나, 이웃에게 장미 가지 가르는 법을 일러준다거나, 최적의 관광코스를 짜주는 가이드처럼 정확하고 일관된 사고를 바탕으로 당당하고 활력 있게 말하고 있는 자신을 발견하게 될 것이다.

나서서 연설할 기회를 찾아라

가능하면 많은 사람들 앞에서 연설할 기회를 갖도록 노력해야 한다. 그러려면 먼저 강연이나 연설을 자주 개최하는 모임에 가입하는 것이 좋다. 이때도 단지 구경만 하는 소극적인 회원이 되지 말고 모임의 모든 분야에 적극적이어야 한다. 때로는 사회자가 돼보는 것도 좋다. 그러다 보면 지역의 연설가들과 교류할 기회도 생기고, 또 강연회에서 유명인을 소개할 기회도 얻게 된다.

열심히 노력해서 20~30분 정도 연설할 수 있는 능력을 갖추도록 하자. 이 책에 실린 내용을 참조하면 크게 도움이 될 것이다. 그리고 자기가 속한 모임이나 조직에 연설할 의사가 있음을 넌지시 알려주는 것도 필요하다. 연사를 필요로 할 때 최선을 다해 봉사하겠노라고 말하라. 지역의 자선단체도 찾아가보라. 그들은 늘 자원봉사할 연설자를 찾고 있다. 많은 연사들이 이런 방식으로 출발했고, 그들 중에는 크게 성공한 사람들도 적잖다. 유명 강사이자 텔레비전 스타인 샘 레벤슨도 그런 사람 중 한 명이었다.

그는 원래 뉴욕 고등학교 교사였다. 처음에는 여가활동으로 자기가 잘 알고 있는 것, 즉 가족이나 친척 또는 학생들에 관한 것, 직업상 특별한 것들에 대해서 짧은 연설을 하기 시작했다. 그러다가 차츰 각 단체에서 연설 요청이 쇄도했고, 너무 바빠져서 본업을 계속할 수 없게 되었다. 그즈음에는 이미 방송 출연도 하고 있었고, 얼마 후 그는 본격적으로 예능계에 뛰어들었다.

집념으로 슬럼프를 넘겨라

프랑스어나 골프, 대중연설 등 무슨 일이든 처음 배울 때는 실력이 향상되고 있는지 어떤지를 잘 판단할 수가 없다. 어떤 때는 밀려오는 파도처럼 일취월장하는 것 같기도 하고, 또 어떤 때는 늘 제자리에서 맴도는 것 같기도 하다. 또 더러는 한순간 방향을 잘못 잡아서 그동안 쌓아온 기초를 무너뜨리기도 한다. 심리학자들은 이와 같은 정체나 퇴보의 시기에 대해 잘 분석해놓았다. 그들은 심리학적 용어로 이 시기를 '학습고원(學習高原)'이라고 한다.

우리 '화술교실'의 수강생들도 이 같은 고원 상태에 빠져서 몇 주일씩 고생하기도 한다. 이때는 어떤 노력도 도움이 되지 않는다. 발버둥쳐봐야 탈출이 요원하게 느껴진다. 그래서 의지가 약한 사람은 도중에 포기하고 만다. 그러나 집념이 강한 사람은 슬기롭게 이 시기를 버텨낸다. 그러다가 어느 날 갑자기 자신의 실력이 부쩍 성장해 있음을 실감하게 된다. 불과 하룻밤 사이에, 도대체 영문도 모르는 가운데 엄청나게 발전해 있는 것이다. 고원에서 비행기처럼 갑자기 떠오른 것이다. 갑자기 말하는 것이 물 흐르듯이 자연스러워지고 힘이 솟으며 자신감이 넘쳐난다.

앞에서도 언급했듯이 연설자는 청중 앞에 섰을 때 한동안 순간적인 공포나 충격, 긴장에서 비롯되는 불안감을 느낀다. 위대한 음악가들도 수많은 대중공연을 해왔음에도 비슷한 감정을 느낀다고 토로한다. 파데레프스키는 피아노 앞에 앉기 직전에 소매를 만지작거리고 신경질인 동작을 보인다. 그러나 일단 연주를 시작하면 청중에 대한 모든 두려움은 말끔히 사라져버린다.

우리도 똑같은 경험을 할 수 있다. 끈질기게 이런 증상을 참고 견디면 시간이 지나면서 처음의 두려움을 포함하여 다른 모든 곤란을 이겨낼 수 있을 것이다. 문제는 처음 시작할 때다. 떨리고 어색하더라도 어떻게든 처음의 몇 문장을 말하고 나면, 그다음부터는 스스로 컨트롤할 수 있다. 그래서 나중에는 말하는 것이 점점 즐거워지면서 연설을 계속해나갈 수 있는 것이다.

힘든 일을 참고 견디는 인내에 관해서는 링컨의 이야기를 빼놓을 수 없다.

한번은 법률을 공부하려고 결심한 어떤 청년이 링컨에게 조언을 구하는 편지를 보내왔다. 이에 링컨은 다음과 같이 회신했다.

만일 자네가 변호사가 되려고 결심했다면 자넨 이미 절반 넘게 목적을 달성한 것이나 마찬가지네. 성공하겠다는 결심이야말로 다른 어떤 것보다 중요하다는 사실을 항상 명심하게나.

링컨은 경험을 통해 그것을 확신할 수 있었다. 그가 정식으로 학교교육을 받은 것은 일생을 통틀어 1년도 안 됐다. 그러면서도 유독 책읽기를 좋아했다. 집에서 80킬로미터 안에 있는 책은 모두 빌려다가 읽을 정도로 말이다. 그의 오두막집에는 밤새도록 장작불이 타올랐고, 링컨은 그 불빛에 의지해 책을 읽었다.

그는 또 30~50킬로미터를 걸어서 강연을 들으러 갔고, 돌아오는 길에는 들판이나 숲속, 마을 식료품점 앞에 모인 사람들을 대상으로 말하기를 연습했다. 그리고 뉴세일럼과 스프링필드의 문학회와 토론회에 참가해서 시사 문제에 관해 토론하기도 했다. 그런데도 유독 여자들 앞에서는 말 한마디 못하고 수줍어했다. 그래서 메리 토드에게 사랑을 고백하고 나서도 부끄러워하면서 가만히 그녀의 말을 듣기만 있다.

그러던 링컨이 연습과 독학을 꾸준히 계속해서 당시에 가장 훌륭한 웅변가로 꼽히던 더글러스 상원의원과 맞서는 연설가가 되었다. 그리고 게티즈버그와 두 번의 대통령 취임연설에서 역사상 가장 위대한 연설을 해냈다.

지독하리만치 힘들었던 과거와 숱한 악조건 속에서도 처절하게 투쟁적인 삶을 살았다는 점을 생각할 때, 링컨이 "만약 변호사가 되기를 결심했다면 이미 절반은 이룬 것이다."라고 말한 것도 별로 놀라운 일은 아니다.

에이브러햄 링컨의 근엄한 초상화는 백악관의 대통령 집무실에 걸려 있다. 시어도어 루스벨트 대통령은 이렇게 고백했다.

중요한 결정을 내려야 할 때나, 문제가 복잡하게 뒤얽혀 있고 권리와 이해관계가 서로 갈등을 겪는 문제를 만나면 나는 언제나 링

컨의 초상화를 바라봅니다. 그가 지금의 내 입장에 서 있다고 가정
하고, 링컨 대통령이라면 이 상황을 어떻게 했을까를 생각해보는
것입니다. 좀 이상하게 들릴지도 모르겠지만, 암튼 그 덕분인지 좀
수월하게 해결의 실마리를 찾았던 것 같습니다.

당신도 루스벨트가 썼던 방법을 시도해보는 건 어떨까? 훌륭한 연설가
가 되기 위한 싸움에서 용기를 잃고 무기력한 상태에 빠질 때, '이럴 때 링
컨 대통령이라면 어떻게 했을까?' 하고 자문해보는 것이다. 아마도 당신
은 그가 어떻게 했으리라는 것을 이미 알고 있을 것이다. 링컨은 상원의
원 선거에서 스티븐 더글러스에게 패했을 때, 자신의 지지자들을 위로하
며 이렇게 말했다.

"한 번 패배쯤은 문제가 아니다. 열 번, 아니 백 번 지더라도 결코 포기
하지 않겠다."

당신은 해낼 수 있다

나는 여러분들이 아침마다 윌리엄 제임스 교수의 다음 글귀를 암송했
으면 좋겠다.

나는 젊은이들이 학업의 결과에 너무 연연하거나 근심하지 않기

를 바란다. 헛되이 열정을 낭비하지 않고 공부에만 집중한다면 언제고 별 무리 없이 자기가 원하는 결과에 도달할 수 있을 것이다. 어떤 분야를 선택하든 목표에 대한 확고한 신념을 갖고 매진하다 보면 활짝 갠 어느 날 아침에 눈을 떴을 때, 동시대를 사는 꽤 유능한 사람들과 어깨를 나란히 하고 있는 자신을 발견할 수 있을 것이다.

제임스 교수의 권위를 빌려서 나도 한마디 덧붙이고 싶다.

"당신이 진지하고 꾸준하게 화술을 연마한다면 활짝 갠 어느 날 아침에 눈을 떴을 때, 당신이 살고 있는 도시와 지역사회에서 꽤 유능한 연설가 중한 사람으로 인정받는 자신을 발견하게 되리라……."

지금은 믿기 힘들겠지만 일반적인 원칙에 비추어볼 때 틀림없는 사실이다. 물론 예외도 있을 수 있다. 삐딱한 정신과 인성을 가진 사람이거나, 자신은 도무지 할 말이 아무것도 없다고 생각하는 사람은 성장할 도리가 없다. 하지만 원칙적으로 볼 때 내 주장은 확실히 옳다.

뉴저지 주지사를 역임한 스토크스 씨가 우리 강좌의 수료식에 참석했다. 그는 그날 저녁에 들었던 이야기들이 워싱턴의 상원의원실과 대변인 실에서 들었던 연설들 못지않게 훌륭했다고 칭찬했다. 그가 말한 연설은 얼마 전까지만 해도 청중공포증으로 말 한마디 못하던 직장인들이 한 연설이었다.

그들은 로마의 철학자 키케로와 같은 탁월한 소질을 가진 사람이 아니라, 미국의 어느 거리에서나 흔히 볼 수 있는 평범한 직장인들이었다. 그랬던 그들이 어느 날 눈을 뜨고 그 도시는 물론 전국적으로 유명한 연설가들 사이에 서 있는 자신을 발견한 것이다.

나는 말하는 능력을 갖추려고 노력하는 수많은 사람들을 만났고 주의 깊게 지켜봐왔다. 그러다가 우연히 한 가지 놀라운 사실을 발견했다.

성공한 사람들 가운데 선천적으로 머리가 좋거나 유별나게 똑똑한 경우는 손가락으로 꼽을 정도였다. 대개는 흔히 볼 수 있는 평범한 직장인들이었다.

그러나 그들은 포기하지 않고 꾸준하게 계속 전진했다. 재주가 특출한 사람들은 낙심도 쉽게 하고 돈벌이에 정신이 팔려 더 이상 발전하지 못했다. 그러나 시련을 견디면서 한 가지 목표를 향해 매진한 평범한 사람은 마침내 그 분야의 정상에 올라섰다. 이것은 지극히 인간적이고 자연스런 결과다.

존 D. 록펠러는 사업에서 성공하기 위한 필수조건은 인내심과 반드시 좋은 결과가 뒤따른다는 확신이라고 말한다. 그리고 이것은 화술을 터득하는 데 반드시 필요한 조건이기도 하다. 그래서 나는 지금도 수강생들에게 목표를 반드시 성취할 수 있다는 강한 신념을 심어주려고 애쓴다. 무슨 일이든 성공하기 위해 기울이는 노력과 정성보다 더 값진 것은 없다고 믿기 때문이다.

나는 몇 년 전 여름에 친구와 함께 오스트리아의 빌더 카이저산에 오른 적이 있다. 여행안내서에는 그 산이 오르기 힘든 산이니 아마추어는 반드시 가이드와 동행하라고 적혀 있었다. 나와 내 친구는 틀림없는 아마추어였지만 가이드는 구하지는 않았다. 그러자 어떤 사람이 우리에게 괜찮겠느냐고 물었고, 우리는 이구동성으로 "물론!" 하고 대답했다.

"뭘 믿고 그렇게 자신합니까?"

그의 질문에 나는 이렇게 대답했다.

"알아보니 가이드 없이 정상에 오른 사람도 있더군요. 그러니 가이드 없이도 오를 수도 있다는 말 아닙니까? 나는 실패할 것 같다는 생각은 조금도 하지 않습니다."

이런 신념은 화술에서부터 에베레스트산 등정에 이르기까지 공통적으로 응용할 수 있는 마음가짐이라고 할 수 있다. 당신이 화술로 얼마나 크게 성공할지는 전적으로 당신의 마음가짐에 달려 있다. 자신을 완벽하게 조절하면서 청중을 향해 능수능란하게 연설하는 당신의 모습을 상상해보라. 당신의 능력으로 충분히 해낼 수 있다. 성공한다는 신념을 가져라. 그것을 믿고 목표를 향해 나아가는 일만 남았다.

남북전쟁 때 듀폰 제독은 찰스턴 항구에 군함을 보내지 말아야 할 이유를 여섯 가지나 제시했다. 그 말을 진지하게 듣고 있던 데이비드 패러컷 제독이 말했다.

"그것들 말고도 당신이 언급하지 않은 다른 이유가 더 있는 것 같은데?"

"그것이 무엇입니까?"

패러것 제독이 말했다.

"당신 자신이 해낼 수 있다고 확신하지 못하는 거요!"

'화술교실'의 훈련 과정을 통해 수강생들이 얻는 가장 큰 소득은, 자신감이 커지고 성취하고자 하는 자신의 능력에 대해 신뢰감을 갖게 된다는 점이다. 무슨 일이든 하려고 할 때 자신감보다 중요한 것이 또 있을까? 에머슨도 "열정 없이 이루어지는 것은 아무것도 없다."고 했다. 성공으로 안내하는 나침반과 같은 말이다.

예일 대학의 윌리엄 R. 펠프스 교수는 《가르치는 즐거움》에서 이렇게 말했다.

> 학생들을 가르치는 것은 나에게 예술이나 직업 그 이상의 의미가 있다. 화가가 그림 그리기를 좋아하듯이, 가수가 노래하기를 좋아하듯이, 시인이 시 쓰기를 좋아하듯이 나는 학생들을 가르치는 일을 좋아한다. 나는 아침에 침대에서 눈을 뜨면 제자들을 가르칠 수 있다는 생각에 강한 희열을 느낀다.

이렇듯 자신의 직업에 대한 열정으로 가슴이 뜨겁고, 할 일에 대한 기대감에 들떠 있는 사람이 성공하는 것은 당연한 일 아닌가? 만일 당신이 화술 능력을 키우려고 열정을 다 쏟는다면 당신 앞에 놓인 장애물들은 곧 사라지게 될 것이다. 멋진 연설로 다른 사람을 설득하고 움직이게 하는 데서 얻어지는 성취감을 상상해보라. 그 일은 다른 모든 방면에서 당신을 유능하게 만들 것이다.

데일 카네기 과정을 가르치는 강사들을 위한 운영지침에는 이런 말이 있다.

> 수강생들은 자신이 다른 수강생들의 관심을 끌 수 있고, 강사로부터 칭찬받을 수 있으며, 동료들로부터 박수를 받을 수 있다는 사실을 깨달을 때, 즉 자신도 할 수 있다는 사실을 깨달을 때 이전에는 한 번도 경험하지 못한 내적인 힘과 용기와 진지함을 실감하게 될 것이다.
>
> 그 결과는 어떨까? 전에는 도저히 불가능하다고 생각하던 일들을 하나하나 실행해나가게 될 것이다. 그들은 또 청중에게 말하고 싶다는 강한 열망에 사로잡히게 된다. 그래서 나중에는 직장이나 사업, 사회적으로 적극적인 지도자로 성장하게 될 것이다.

모쪼록 이 책에서 제시한 여러 내용들을 자신에게 맞게 적절히 활용하여 가정이나 직장, 지역사회의 모임과 정치활동에 이르기까지 모든 곳에서 필요한 지도력을 발휘하는 데 도움이 되길 바란다.

톨스토이가 전해주는
최고의 인생 지침

톨스토이 인생노트

『톨스토이 인생노트』는 우정, 사랑, 노동, 성공 등 무릇 인간이라 면 결코 비켜갈 수 없는 삶의 화두를 제시하면서 독자들로 하여금 자신을 더욱 계발하고 나아가 자기완성에 최대한 다가갈 수 있도록 길라잡이 구실을 하고자 기획한 책이다. 톨스토이가 사상 가들의 글에서 가려 뽑은 글을 읽고 그 감상이나 자신의 생각을 적을 수 있도록 편집하여, 단순히 읽는 책이 아니라 독자들이 참여 하여 함께 만들어가는 책으로 꾸몄다.

『톨스토이 인생노트』는 자신을 성찰하고 나아갈 길을 모색해볼 수 있는 최고의 책이다. 독자들은 사상가들의 삶의 정수가 담긴 한 줄의 글을 통해 삶의 가치를 확인하고 긍정의 힘을 얻는 한편, 독자들을 위해 마련한 노트에 내 삶의 원칙을 기록하고 점검함 으로써 오늘의 삶의 질을 한 단계 높일 수 있는 에너지를 끌어낼 수 있을 것이다.

레프 톨스토이 지음 | 최종옥 옮김 | 16,000원

톨스토이 사색노트

『톨스토이 사색노트』는 참된 지혜, 선(善), 도덕, 사랑, 지식의 탐구 등 무릇 인간이라면 한번쯤 고뇌했음직한 삶의 화두를 제시함으 로써 독자들로 하여금 정신을 더욱 가다듬어 고양된 감정을 경험할 수 있도록 길라잡이 구실을 하고자 기획한 책이다. 톨스토이가 사상가들 의 글에서 가려 뽑은 글을 독자들이 읽고 감상이나 생각을 적을 수 있도록 편집하여, 단순히 읽는 책이 아니라 독자들이 참여하여 함께 만들어가는 책으로 꾸몄다.

『톨스토이 사색노트』는 자신의 내면에 침잠하여 나를 돌아볼 수 있는 길을 제시한 최고의 책이다. 위대한 사상가들이 남긴 촌철 살인의 글을 읽고 '나'를 진지 하게 들여다보고 좀 더 나은 삶을 꿈꿔보자. 뻔한 인생 이란 없다. 어디에 핀들 꽃이 아니랴. 그러니 마음밭에 꽃씨를 뿌리자. 어김없이 싹을 틔우고 꽃을 피워 마침내 열매를 맺을 것이다.

레프 톨스토이 지음 | 최종옥 옮김 | 16,000원

알아두면 **잘난 척**하기

영단어 하나로 역사, 문화, 상식의 바다를 항해한다
알아두면 잘난 척하기 딱 좋은 **영어잡학사전**

이 책은 영단어의 뿌리를 밝히고, 그 단어가 문화사적으로 어떻게 변모하고 파생 되었는지 친절하게 설명해주는 인문교양서이다. 단어의 뿌리는 물론이고 그 줄기와 가지, 어원 속에 숨겨진 에피소드까지 재미있고 다양한 정보를 제공함으로써 영어를 느끼고 생각할 수 있게 한다.

영단어의 유래와 함께 그 시대의 역사와 문화, 가치를 아울러 조명하고 있는 이 책은 일종의 잡학사전이기도 하다. 영단어를 키워드로 하여 신화의 탄생, 세상을 떠들썩 하게 했던 사건과 인물들, 그 역사적 배경과 의미 등 시대와 교감할 수 있는 온갖 지식들이 파노라마처럼 펼쳐진다.

김대웅 지음 | 인문 · 교양 | 452쪽 | 22,800원

본래 뜻을 찾아가는 우리말 나들이
알아두면 잘난 척하기 딱 좋은 **우리말 잡학사전**

'시치미를 뗀다'고 하는데 도대체 시치미는 무슨 뜻? 우리가 흔히 쓰는 천둥벌거숭이, 조바심, 젬병, 쭉도 못 쓰다 등의 말은 어떻게 나온 말일까? 강강술래가 이순신 장군이 고안한 놀이에서 나온 말이고, 행주치마는 권율장군의 행주대첩에서 나온 말이라는데 그것이 사실일까?

이 책은 이처럼 우리말이면서도 우리가 몰랐던 우리말의 참뜻을 명쾌하게 밝힌 정보 사전이다. 일상생활에서 자주 쓰는 데 그 뜻을 잘 모르는 말, 어렴풋이 알고 있어 엉뚱한 데 갖다 붙이는 말, 알고 보면 굉장히 험한 뜻인데 아무렇지도 않게 여기는 말, 그 속뜻을 알고 나면 '아해'하고 무릎을 치게 되는 말 등 1,045개의 표제어를 가나다순으로 정리하여 본뜻과 바뀐 뜻을 밝히고 보기글을 실어 누구나 쉽게 읽고 활용할 수 있도록 하였다.

이재운 외 엮음 | 인문 · 교양 | 552쪽 | 28,000원

철학자들은 왜 삐딱하게 생각할까?
알아두면 잘난 척하기 딱 좋은 **철학잡학사전**

사람들은 철학을 심오한 학문으로 여긴다. 또 생소하고 난해한 용어가 많기 때문에 철학을 대단한 학문으로 생각하면서도 두렵고 어렵게 느낀다. 이 점이 이 책을 집필한 의도다. 이 책의 가장 큰 미덕은 각 주제별로 내용을 간결하면서도 재미있게 설명한 점이다. 이 책은 철학의 본질, 철학자의 숨겨진 에피소드, 유명한 철학적 명제, 철학자들이 남긴 명언, 여러 철학 유파, 철학 용어등을 망라한, 그야말로 '세상 철학의 모든 것'을 다루었다. 어느 장을 펼치든 간결하고 쉬운 문장으로 풀이한 다양한 철학 이야기가 독자들에게 철학을 이해하는 기본 상식을 제공해준다. 아울러 철학은 우리 삶에 매우 가까이 있는 친근하고 실용적인 학문임을 알게 해준다.

왕잉(王穎) 지음 / 오혜원 옮김 | 인문 · 교양 | 324쪽 | 19,800원

역사와 문화 상식의 지평을 넓혀주는 우리말 교양서
알아두면 잘난 척하기 딱 좋은 **우리말 어원사전**

이 책은 우리가 무심코 써왔던 말의 '기원'을 따져 그 의미를 헤아려본 '우리말 족보'와 같은 책이다. 한글과 한자어 그리고 토착화된 외래어를 우리말로 받아들여, 그 생성과 소멸의 과정을 추적해 밝힘으로써 올바른 언어관과 역사관을 갖추는 데 도움을 줄 뿐 아니라, 각각의 말이 타고난 생로병사의 길을 짚어봄으로써 당대 사회의 문화, 정치, 생활풍속 등을 폭넓게 이해할 수 있는 문화 교양서 구실을 톡톡히 하는 책이다.

이재운 외 엮음 | 인문 · 교양 | 552쪽 | 28,000원

딱 좋은 시리즈!

인간과 사회를 바라보는 심박한 시선

알아두면 잘난 척하기 딱 좋은 **문화교양사전**

정보와 지식은 모자라면 불편하고 답답하지만 너무 넘쳐도 탈이다. 필요한 것을 골라내기도 힘들고, 넘치는 정보와 지식이 모두 유용한 것도 아니다. 어찌 보면 전혀 쓸모없는 허접스런 것들도 있고 정확성과 사실성이 모호한 것도 많다. 이 책은 독자들의 그러한 아쉬움을 조금이나마 해소시켜주고자 기획하였다.

최근 사회적으로 이슈가 되고 있는 갖가지 담론들과, 알아두면 유용하게 활용할 수 있는 현실적이고 실용적인 지식들을 중점적으로 담았다. 특히 누구나 알고 있을 교과서적 지식이나 일반상식 수준을 넘어서 꼭 알아둬야 할 만한 전문지식들을 구체적으로 자세하고 알기 쉽게 풀이했다.

김대웅 엮음 | 인문·교양 | 448쪽 | 22,800원

신화와 성서 속으로 떠나는 영어 오디세이

알아두면 잘난 척하기 딱 좋은
신화와 성서에서 유래한 영어표현사전

그리스·로마 신화나 성서는 국민 베스트셀러라 할 정도로 모르는 사람이 없지만 일상생활에서 흔히 쓰이고 있는 말들이 신화나 성서에서 유래한 사실을 아는 사람은 많지 않다. '알아두면 잘난 척하기 딱 좋은 시리즈' 6번째 책인 「신화와 성서에서 유래한 영어표현사전」은 신화와 성서에서 유래한 영단어의 어원이 어떻게 변화되어 지금 우리 실생활에 어떻게 쓰이는지 알려준다.
읽다 보면 그리스·로마 신화와 성서의 알파와 오메가를 꿰뚫게 됨은 물론, 이들 신들의 세상에서 쓰인 언어가 인간의 세상에서 펄떡펄떡 살아 숨쉬고 있다는 사실에 신비감마저 든다.

김대웅 지음 | 인문·교양 | 320쪽 | 18,800원

우리의 생활문자인 한자어의 뜻을 바로 새기다

알아두면 잘난 척하기 딱 좋은 **우리 한자어사전**

《알아두면 잘난 척하기 딱 좋은 우리 한자어사전》은 한자어를 쉽게 이해하고 바르게 쓸 수 있도록 길잡이 구실을 하고자 기획한 책으로, 국립국어원이 조사한 자주 쓰는 우리말 6000개 어휘 중에서 고유명사와 순우리말을 뺀 한자어를 거의 담았다.

한자 자체는 단순한 뜻을 담고 있지만, 한자 두 개 세 개가 어울려 새로운 한자어가 되면 거기에는 인간의 삶과 역사와 철학과 사상이 담긴다. 이 책은 우리 조상들이 쓰던 한자어의 뜻을 제대로 새겨 더 또렷하게 드러냈으며, 한자가 생긴 원리부터 제시함 으로써 누구나 쉽게 익히고 널리 활용할 수 있도록 했다.

이재운 외 엮음 | 인문·교양 | 728쪽 | 35,000원

옛사람들의 생활사를 모두 담았다

알아두면 잘난 척하기 딱 좋은 **우리 역사문화사전**

'역사란 현재를 비추는 거울이자 앞으로 되풀이될 시간의 기록'이라고 할 수 있다. 그런 면에서 이 책 《알아두면 잘난 척하기 딱 좋은 우리 역사문화사전》은 그에 부합하는 책이다.

역사는 과거에 살던 수많은 사람의 삶이 모여서 이루어진 것이고, 현대인의 삶 또한 관점과 시각이 다를 뿐 또 다른 역사가 된다. 이 책은 우리 조상들이 쓴 한자어의 뜻을 시간에 구애받지 않고 흥미와 재미를 불러일으킬 수 있는 주제로 일관하면서, 차근차근 옛사람들의 삶의 현장을 조명하고 있다. 그 발자취를 따라가면서 역사의 표면과 이면을 들여다보는 재미가 쏠쏠하다.

민병덕 지음 | 인문·교양 | 516쪽 | 28,000원

Dale Carnegie

데일 카네기 성공대화론
Public Speaking and
Influencing Men in Business